Fala, letramento
e inclusão social

Maria Cecilia Mollica

Fala, letramento
e inclusão social

Copyright© 2007 Maria Cecilia Mollica
Todos os direitos desta edição reservados à
Editora Contexto (Editora Pinsky Ltda.)

Imagem de capa
"Professora na Amazônia", Renata Meirelles

Montagem de capa
Antonio Kehl

Diagramação
Gustavo S. Vilas Boas

Revisão
Daniela Marini Iwamoto

Dados Internacionais de Catalogação na Publicação (CIP)
(Câmara Brasileira do Livro, SP, Brasil)

Mollica, Maria Cecilia
Fala, letramento e inclusão social / Maria Cecilia Mollica. –
2. ed., 1ª reimpressão. – São Paulo : Contexto, 2025.

Bibliografia
ISBN 978-85-7244-352-4
1. Escrita 2. Inclusão social 3. Letramento 4. Linguagem
5. Linguística 6. Sala de aula – Direção 7. Sociolinguística
8. Sociologia educacional I. Título.

07-0324   CDD-407.2

Índice para catálogo sistemático:
1. Fala, letramento e inclusão social : Linguística   407.2

2025

EDITORA CONTEXTO
Diretor editorial: *Jaime Pinsky*

Rua Dr. José Elias, 520 – Alto da Lapa
05083-030 – São Paulo – SP
PABX: (11) 3832 5838
contato@editoracontexto.com.br
www.editoracontexto.com.br

Proibida a reprodução total ou parcial.
Os infratores serão processados na forma da lei.

Sumário

Apresentação 7

Bases teóricas

Aprendizagem dentro e fora da escola 11

Imaginário coletivo 11

Práticas de letramento e meios de inclusão 15

Heterogeneidade linguística e cultura letrada 25

Diversidade linguística e mobilidade social 25

Padrão e valor 29

Letramento escolar é a solução? 36

Rudimentos sobre os
princípios dinâmicos da fala..39

Variação inerente e sistemática..39

Algumas diretrizes...43

Propostas pedagógicas dentro e fora do texto.........................63

Marcos teóricos...63

Experimento longitudinal..68

Fala e escrita na escola..74

Exercícios e propostas pedagógicas

Trabalhando no nível fonético-fonológico.............................79

Trabalhando no nível gramatical...87

Trabalhando no nível discursivo..115

Referências bibliográficas..125

Apresentação

Trabalho há mais de dez anos na área de Sociolinguística Aplicada e este livro representa um passo à frente na direção de se encontrar modos pedagógicos alternativos para o trabalho de apropriação da variante culta, mormente na língua escrita, em relação às obras anteriores na mesma linha.

Deve-se partir da naturalidade do sistema, com base em princípios imanentes que governam os usos linguísticos variáveis, estruturados, sistemáticos e internalizados naturalmente pelo falante nativo em tenra idade durante o processo de aquisição da língua materna. Os indivíduos ingressam na escola com domínio pleno da modalidade coloquial falada de sua língua mãe, de modo que o percurso de apropriação da língua padrão na fala e na escrita tem que levar em conta leis que estruturam o sistema e princípios dos usos linguísticos.

A primeira parte, "Bases teóricas", reúne quatro capítulos, que dizem respeito a conceitos teóricos gerais, a diretrizes metodológicas indispensáveis e aos resultados oriundos de experimentos em sala de aula. Mais precisamente, procedo a uma reflexão sobre estratégias de inclusão social, discorrendo sobre o imaginário coletivo presente na sociedade, acerca da importância de atividades produtivas e da escola no que se refere à ascensão social. No capítulo "Heterogeneidade linguística e cultura letrada", esboço um panorama sobre a riqueza linguística brasileira, sua relação com a cultura letrada e com certos critérios educacionais a serem adotados na escola. Em "Rudimentos sobre princípios dinâmicos da linguagem", faço uma revisão dos conceitos básicos sobre a face heterogênea da língua e defendo a proposta de trabalho escolar que inclui a fala e a escrita, levando-se em conta a migração de fatos dinâmicos de uma modalidade para outra. Destaco alguns processos variáveis que devem receber tratamento especial, em conformidade com o cânone da tradição gramatical. Defendo que a prática na escola deve priorizar o texto sem descartar os outros níveis da língua, do vocabular ao sentencial.

A segunda parte, "Exercícios e propostas pedagógicas", se compõe de um conjunto de atividades assentadas em bases estabelecidas na primeira parte, voltadas para diferentes níveis de ensino. Sua aplicação fica a depender dos professores e do perfil sociolinguístico dos alunos. A colaboração das bolsistas de ic do CNPq Viviane Soares, Mariana Martins e Iara da Silva foi indispensável nos experimentos em sala de aula e na produção de material instrucional. A segunda parte foi montada em coautoria com elas.

Como veículo comprometido com inclusão digital e com uma escola contemporânea, apresento exercícios e propostas pedagógicas de caráter lúdico e interativo, complementares ao livro, em tecnologia digital, no site da Editora Contexto. Para acessá-lo, basta acessar o link da página do livro (https://www.editoracontexto. com.br/produto/fala-letramento-e-inclusao-social/1496821) 🖯 e clicar em "Material complementar". São priorizadas as dificuldades mais comuns durante a alfabetização que podem persistir ao longo do letramento escolar. O material contou com a colaboração de profissionais de designer gráfico, programação e ilustração, respectivamente, Lúcia Quental Moraes, Camilo Arutin e Guga Millet.

Bases teóricas

Aprendizagem dentro
e fora da escola

Imaginário coletivo

Uma interessante distinção para entendermos a complexidade do processo de apropriação de conhecimentos refere-se aos conceitos de letramento social e letramento escolar. Soares (2003) supõe que os saberes aprendidos dentro e fora da escola são assimilados de maneiras diferentes e devem ser levados em conta quando pensamos em educação e, de modo mais específico, quando se trata de conhecimento de língua.

A distinção entre eventos e práticas escolares e eventos e práticas sociais de letramento interessa sobremaneira do ponto de vista linguístico e sob a perspectiva do usuário. Depoimentos de pessoas de uma amostra constituída inicialmente para fins de pesquisa linguística (cf. Paiva, 2000) nos induzem à constatação de que a escola é, segundo o imaginário coletivo, o meio mais almejado para promover inclusão social. Neste capítulo, mostro como o saber institucionalizado formalmente merece respeito da maioria, ainda que a atividade profissional também seja muito valorizada. Os trechos transcritos subsidiam a reflexão sobre a importância do ensino formal no Brasil e sua relação com mobilidade social.

Embora o falante seja competente na variedade coloquial (cf. Mollica, 2003b), via de regra não se sente conhecedor de sua língua. Cabe entendermos a lógica do falante, suas crenças e atitudes em relação ao que pensa da escola como espaço para seu desenvolvimento linguístico, profissional e suas chances de inserção na sociedade. Cumpre conhecer o grau de importância que os indivíduos conferem à escola, procurando mostrar como a sociedade vincula letramento e iletramento à inclusão social.

As evidências da realidade e nossa intuição usualmente nos conduzem a supor que é acentuada a exclusão social tanto maior a distância dos indivíduos em relação à cultura letrada em sociedades com alta complexidade. Depoimentos de brasileiros de nível social diferenciado confirmam que a escola faz parte do imaginário coletivo como caminho mais seguro de inserção na sociedade letrada.

As práticas de leitura e escrita colocam os falantes com maiores chances de constituir cidadania plena. A linguagem facilita os meios, embora não represente garantia para retirar os cidadãos do lugar à margem da sociedade organizada. Assim, através da escola, acredita-se que o indivíduo se torne agente ativo e transformador; para o cidadão comum, prevalece a ideia de que a educação, especialmente a veiculada na escola e calcada na aprendizagem de ler e escrever, é o caminho mais eficaz de se atingir melhor situação na vida. Pelas palavras de um auxiliar de escritório, com apenas 4 anos de escolaridade, o "sonho" de estudar coincide com a tão almejada escalada social:

> *Eu sempre sonhei um dia, sabe? ... assim, me formar, sabe? ... Ter um emprego melhor.* (falante n° 05, p. 130)

A visão de que o estudo é garantia de vida melhor em geral está associada a um comportamento de vida "mais civilizado". Nas palavras de Sue:

> *[...] pessoal lá tem uma maneira de se comportar, aqui já são uma pessoa mais, vamos dizer, mais civilizada, sabe? [...] Umas pessoa mais social, sabe? [...] Aqui a gente passa a ter conhecimento com outras pessoas. Com tudo que nós não temos estudo, mas conhecemos e nós aprendemos, não é? a ter assim uma maneira de se portar melhor, sabe?* (falante n° 05, p. 129)

O depoimento revela que o contato com pessoas de melhor nível social, cultural e de escolarização já garante modificação de comportamento e até melhor nível de aprendizagem. Pode-se assumir então que os indivíduos possuem muita sensibilidade quanto às diferenças sociais e aos indicadores que lhes caracterizam. Para a maioria, estudar é a garantia primordial de melhorar de vida, embora o contato com a cultura letrada já ofereça benefícios.

Além do estudo e do conhecimento adquirido sistematicamente, outros mecanismos são apontados como meta para alcançar melhor qualidade de vida, o que fica claro no trecho a seguir:

Eu quero continuar estudando, sabe? Se der para me formar, tudo bem, não é? Se não der, eu ir arranjar uma coisa melhor para mim viver minha vida... (falante nº 05, p. 130)

Vislumbrar mais de uma alternativa como via de ascensão social projeta-se no imaginário na medida em que as pessoas se pautam na experiência para tirar conclusões a respeito da vida:

[...] meu pai ele não tinha o estudo, não é? O estudo que ele tinha era nada quase, mas o meu pai se expressava muito bem, sabe? Ele gostava muito e se apresentava, sabia com pouco estudo, mas devia de ser inteligente, não é? Porque o papai gostava de ler, não é? Lia muito, então, o papai falava muito bem... (falante nº 29, p. 194)

Esse trecho testemunha uma situação de baixa escolarização aliada à possibilidade de os indivíduos se apropriarem da plurifuncionalidade da linguagem através de uma via não institucionalizada. A sensibilidade e a intuição dos falantes, o estilo de vida, o exercício de outras práticas sociais são também meios de inserção das pessoas nas comunidades para adquirir papéis definidos e destacados.

Eis um ponto crucial que envolve necessariamente o debate em torno da relação letramento escolar e inclusão social. Cabe perguntar então:

a) A inclusão social acontece exclusivamente por meio de caminhos oficialmente instituídos e institucionalmente legitimados?

b) Se a resposta para (a) é afirmativa, é a escola o único e mais eficaz meio de letrar?

c) Como o falante caminha no contínuo estilístico de modo a ampliar a sua competência comunicativa e colocar em prática adequadamente estilos diferentes de acordo com a diversidade e especificidade dos episódios discursivos?

Práticas de letramento e meios de inclusão

Nas entrevistas reunidas na amostra de que estou me servindo, observamos que nem todos os indivíduos estabelecem necessariamente a relação entre educação oficial e escalada social. Ao focalizar a questão da apropriação da escrita como meio de inclusão social, há que se proceder à reflexão sobre os significados do letramento em sociedades complexas, questão amplamente estudada, que pode ser repensada à luz de manifestações de falantes em conversas espontâneas.

Kleiman (1995:19) define letramento como

> [...] um conjunto de práticas sociais que usam a escrita, enquanto sistema simbólico e enquanto tecnologia, em contextos específicos, para objetivos específicos.

Essa definição distancia-se bastante da ideia antiga de letramento como práticas específicas da escola que agrupava os indivíduos em alfabetizados e não alfabetizados. O conceito vigente transcende o conhecimento da escrita para fora do âmbito da escola, na medida em que, nas sociedades complexas, a escrita integra todos os momentos de nosso cotidiano. Sob tal perspectiva, compreende-se que a escrita tem múltiplas funções, desde as mais rotineiras até as que permitem acesso às esferas de poder. Assim, o letramento tem que ser entendido como práticas sociais em que se constroem identidade e poder extrapolando-se os limites da escrita.

A escola é uma das agências de letramento, paralelamente a outros sistemas assentados na experiência de vida, na necessidade da sobrevivência, na profissão dos indivíduos, na atuação dos cidadãos em suas comunidades particulares ou em âmbito mais geral. A relação, tradicionalmente estabelecida, entre escola, letramento, progresso e civilização já está superada.

O caráter descontextualizado da escrita independente da experiência do sujeito, a consciência metalinguística e metacognitiva que as práticas discursivas fornecem aos falantes acabam por equipar distintamente os indivíduos. Assim, a conquista dos espaços sociais, ocupados por grupos de diferentes graus de letramento, em princípio, parece influir no funcionamento dos membros em sociedade, permitindo-lhes atingir graus diferenciados de inserção social e de interação com formas culturais.

No entanto, ainda se acha imprecisa e pouco comprovada a relação entre estágios de letramento e modos de pensamento e comportamento social. Cumpre considerar, então, na discussão do tema aqui enfocado, a atividade do homem no mundo, levando em conta paralelamente as manifestações dos indivíduos acerca da crença do seu envolvimento com a sociedade a partir do tipo de trabalho.

Os depoimentos de pessoas de sexo, idade e níveis de escolarização diferentes, agrupados na amostra constituída por falantes do Rio de Janeiro já referida, explicitam as atitudes e crenças dos indivíduos sobre educação e trabalho, acabando por revelar um *continuum* de inclusão social: os sujeitos distribuem-se em "espaços sociais", com graus diferenciados de inserção social, de tal modo que não se aplica necessariamente a correlação sistemática entre apropriação da escrita e participação na sociedade. Analisemos mais alguns trechos:

> *Ó, eu era garoto, né? Devia de ter meus dez anos, sempre gostei de mexer com velocípede, bicicleta, certo? Aí, vai, mexe daqui, mexe dali, era eu que consertava dos meus colegas, patinete, essas coisa toda, então, eu sempre gostei de mecânica. Eu via uma pessoa mexendo num automóvel, eu ficava maluco. [...] Eu virei para o meu pai e disse: "ó, meu pai, é o seguinte: a minha paixão mesmo não é trabalhar em obra. Eu adoro é mecânica. O senhor me arranja uma oficina mecânica, onde eu possa aprender, que, aí, eu dali eu sigo o meu destino." "Ah! mas você tem que estudar." Eu digo: "não tem problema, meu pai. Eu trabalho de dia e passo a estudar de noite." "Então, tudo bem [...] E eu continuo como mecânico. Ganhando o meu pãozinho de cada dia e estou muito satisfeito em ser mecânico, certo?* (falante nº 7, p. 25)

Nesse trecho, enaltece-se a vocação e a satisfação profissional. O entrevistado deixa clara sua inserção no mundo através de seu ofício, que lhe é suficiente para seu sustento e nível satisfatório de autoestima. Sua identidade está bem definida e visível, o que é ainda ratificado pelas palavras:

> *Não, não tenho preconceito. Eu sou mecânico mas também se tiver que ser padeiro, eu também vou ser padeiro. Tudo bem. Isso é uma questão de tocar para frente. Tudo na vida se aprende, meu amigo, certo?* (falante nº 07, p. 32)

Outro sujeito entrevistado não deixa dúvidas quanto ao seu papel e à sua contribuição social e assume com muita tranquilidade que a escassez e a ausência de instrução não se lhe apresentam como empecilho na vida. O dinheiro é fator determinante para a inclusão ou a exclusão social:

> *Eu nunca gostei de estudar. Realmente, nunca gostei, certo? O pouquinho que eu sei já dá, está tudo bem. [...] Onde eu chego, sou o Borges com pouco estudo, ou com muito estudo, porque hoje em dia o que manda é mesmo é a grana no bolso. Se tiver com grana é doutor, se tiver duro é Zé Mané.* (falante nº 07, p. 37)

No país do futebol, um meio historicamente conhecido de inserção na sociedade é tornar-se jogador de futebol, atividade que independe de letramento escolar sistemático. São inúmeros os casos de pessoas "bem-sucedidas", com enorme visibilidade, simplesmente praticando o esporte. O ideal está introjetado no imaginário brasileiro, como se pode ver explicitado nas palavras deste instrutor, professor de futebol, com experiência em lidar com jovens aprendizes do esporte:

> *Que todo mundo quer ser – hoje em dia, o brasileiro, quase, noventa por cento quer ser jogador de futebol. Não vai porque não tem condições, mas senão seria. E eu tiro da cabeça. Os pais ficam – eu digo: "olha, vai para casa, vai estudar, ou vai aprender uma profissão, que você não tem jeito para isso."* (falante nº 14, p. 49)

Vale salientar que os entrevistados da amostra evidenciam claramente que conhecem a complexidade da estrutura social no Brasil, suas contradições e inversões de valores. A maioria atesta a importância do estudo como um valor, um bem a ser adquirido que, no entanto, não constitui garantia de inserção e prestígio social.

> *Antigamente – quem queria ser – o lixeiro... ninguém queria. Marinha, antigamente, você via ninguém queria... Só vinha o pessoal do norte que vinha para a Marinha. Ninguém queria. Hoje em dia, é o contrário. O senhor – quem consegue entrar na Marinha? [...] mas dá valor ao trabalhador. Dá o valor, mas capacitado não ganha. Por exemplo, um médico tem três, quatro, cinco emprego. Mas por quê? Eles alegam que ganham pouco. [...] Uma professora, o que que a professora ganha? Não ganha quase nada, não é? É um <abis->- é um absurdo, não é? É um absurdo. E estudou aquela coisa toda...* (falante nº 32 , p. 73-4)

Mesmo assim, a busca pelos bens culturais é uma constante. *O negócio é vencer.* Estudar, formar-se, apropriar-se de valores da cultura letrada fazem parte do desejo da maioria, apesar de deter conhecimento pleno do nível elevado de desemprego da nossa população:

> *Desemprego? Eu estou com um filho com vinte e três ano, ("a moça viu") emprego, porque eu não consigo emprego para ele. Porque eu não vou botar meu filho trabalhando numa enxada. Ele terminou o científico. Faculdade, eu não posso pagar para ele. Não tenho condições, porque não dá. O que eu ganho não é suficiente para pagar a faculdade. Então, é o caso é o [...] Até o científico eu sempre aguentei. Depois, eles terão que trabalhar e estudar, como os outros fizeram, não é? Minhas filha, um dos meus filho, justamente esse, coitado* (falante nº 32, p. 71).

Note-se, entretanto, que o envolvimento social, o trabalho e a participação do sujeito na comunidade são indicadores de igual importância comparativamente à apropriação da escrita no que tange ao grau de inserção dos indivíduos na sociedade. Comparem-se os trechos a seguir:

> *Minha mãe era praticamente analfabeta e não é alheia.* (falante nº 45, p. 119)

O material examinado revela "ambiguidade" quanto à concepção de envolvimento, papel e inserção social. Não se confirma a ideia de que há um único caminho para bem situar-se na sociedade, historicamente inscrito no imaginário coletivo e/ou introduzido por concepção mais tradicional do papel da escrita como mecanismo eficaz de inclusão social:

> *O meu pai. Então ele foi trabalhar, é, vendendo jornal nos trem, lá em São Paulo, junto com uns italianos. E depois então o meu pai começou aprender a profissão de trabalhar em obra, pedreiro. Começou como servente, depois passou a pedreiro, então depois ele veio aqui para o Rio de Janeiro e já trabalhava de pedreiro, já era um – praticamente um oficial de pedreiro, certo? Então, ele veio trabalhar na estrada de ferro Central do Brasil.* (falante nº 07, p. 37)

> *Todo mundo sempre trabalhou. Porque eu acho assim: porque tem pessoas que dizem assim: às vez pelo fato da pessoa ser nascido e criado em morro, eles acham que é tudo mau elemento, mas não é não. Para ser mau elemento não basta ser criado, nascido e criado no morro. Qualquer lugar que a pessoa tem que ser, quando tem que ser ovelha negra, vai ser.* (falante nº 42, p. 105-6)

Assim, os trechos analisados apontam para a existência de estratégias diversas de inclusão social, demonstrando que as práticas discursivas não precisam se constituir homogeneamente para se obter êxito num projeto de inclusão social de curto e médio prazos. A intimidade com a escrita de modo diferenciado e sua utilização heterogênea são responsáveis pela construção de identidades sociais distintas, assim como pelo grau de envolvimento e participação na sociedade por parte da população, componentes determinantes para a formação da cidadania.

O preconceito com relação à falta de intimidade com a escrita, sem dúvida, ainda permanece como um fator determinante de exclusão. Os indivíduos entrevistados demonstram que há estigmas sociais fortes com relação aos menos letrados:

> *Aí é a gozação, não é? Aí você já sabe que tem, você mesmo no colégio! Se bem que no colégio, deve acontecer bem poucos, porque a pessoa já tem instrução. Mas no futebol que a maioria é ignorante, ignorante, analfabeto, entendeu? Aquilo é o primário mesmo e outros que não tem nem primário, tem só o curso – é só o primeiro ano mesmo e foge da escola, então, aí tem a gozação, tem – ih, aí tem um bocado de caso, entendeu? Aí tem um bocado de caso.* (falante nº 14, p. 48)

Os indivíduos semianalfabetos ou analfabetos recebem tratamento semelhante ao das chamadas minorias. Além de não terem acesso às informações, estão sujeitos à manipulação de toda ordem, restando-lhes papéis marginais no quadro social. Os estigmas são muito marcados na sociedade:

> *Todas essas minorias, não é verdade? O homossexual, não é? Também. É um problema, o negro, não é? Que não conseguiu se libertar ainda, não é? Diz que a escravatura foi em mil e oitocentos e oitenta e oito mas ele continua escravo, não é? Por uma série de fatores, não é?* (falante nº 45, p. 125)

Pesquisas revelam que há diferenças em relação aos modos de pensamento de grupos letrados e menos letrados. Kohl de Oliveira (1995: 148) afirma que:

> O modo de inserção dos membros dos grupos "pouco letrados" na sociedade tem a marca de exclusão, em um sistema em que o pleno domínio da leitura e da escrita e de outras práticas letradas é um pressuposto da constituição das competências individuais necessárias e valorizadas nessa sociedade.

Pesquisadores como Luria (1990) também apontam várias diferenças entre letrados e não letrados quanto à operação de inferências e de estratégias de raciocínio abstrato. Para os autores, os menos letrados enfrentam mais dificuldades de seguir instruções e de controlar a produção cognitiva e os procedimentos metacognitivos: a escrita como sistema simbólico, o recurso gráfico em si e a ciência formal documentada alteram as relações entre o homem e o mundo.

Ainda que polêmicas, as diferentes posições costumam fazer parte de um senso comum. Há que se considerar outras formas de atividades como o tipo de trabalho realizado pelos sujeitos, o envolvimento em atividades políticas, a participação em uma atividade coletiva, o que transcende a experiência concreta individual. Os mecanismos relativos ao modo letrado de funcionamento intelectual, mesmo sem relação direta com a leitura e a escrita, favorecem de alguma forma a superação das limitações do cotidiano de pessoas com grau baixo de letramento, até em atividades extremamente contextualizadas e automatizadas. Pela prática, pelo tirocínio e pela experiência, pode-se aprender e assimilar conhecimento. Ouvir, repetir e participar ativamente são modos de captar, entender e inserir-se no mundo. Ter um ofício, um trabalho e ser cidadão economicamente ativo são mecanismos eficientes de inclusão social. O discurso de alguns indivíduos, analisado nos trechos transcritos neste capítulo, o confirmam, assim como os investimentos na direção de organizar a economia informal atestam indicadores positivos para o fortalecimento de uma política de incentivo dos excluídos com relação aos processos de produção.

A valorização pelo trabalho é, segundo Sachs (2003), uma ação afirmativa . Com uma história de um sistema escolar insatisfatório, desde a colonização até os dias de hoje (cf. Lajolo, 1996; Vieira da Silva, 2001), o Brasil tem que lutar em diversas frentes no que tange à questão dos incluídos e excluídos. A conquista pela cidadania plena passa pelo conhecimento profundo da relação do indivíduo com o setor público (cf. Pinsky & Pinsky, 2003) e, consequentemente, pela implementação efetiva de políticas públicas que assegurem essa aliança de forma permanente e crescente.

Os falantes se apropriam de estilos linguísticos mais formais e tornam-se atores de episódios discursivos praticados em espaços sociais definidos. O letramento sistemático é aprendido numa instância institucional, cuja qualidade nem sempre é assegurada no Brasil. A apropriação de níveis diferenciados pode efetivar-se por meio de outros modos de inclusão, todavia há que se salientar que um país desenvolvido não pode se conformar com tais expedientes no longo prazo, o que significa, em última instância, que a escola é indispensável para a apropriação da cultura letrada.

Heterogeneidade linguística e cultura letrada

Diversidade linguística e mobilidade social

A relação entre diversidade linguística no Brasil e mobilidade social deve levar em conta a riqueza do português brasileiro e a complexidade do tecido social existente em território nacional. Neste capítulo, enfoco especialmente a questão do efeito de indicadores que concorrem para a apropriação de variedades de prestígio, de modo a aumentar o grau de letramento e diminuir os níveis de exclusão social aos quais parte dos brasileiros se acha submetida. Nessa perspectiva, procuro esclarecer alguns conceitos importantes com vistas a atingir as metas pretendidas.

Não é qualquer país que tem o privilégio de reunir tamanha multiplicidade em níveis tão diferentes. Guardamos uma riqueza enorme e convivemos com uma biodiversidade invejável. Seja do ponto de vista geográfico, cultural ou climático, seja em muitos outros aspectos, a nação brasileira possui tal complexidade, que ainda nem a descreveu nem a conheceu em profundidade, tampouco fez uso de forma competente e consequente no âmbito da ciência e da tecnologia, da política e da economia.

A capitalização dessa pujança de recursos ainda se encontra no aguardo de desdobramentos positivos no nível de uma política interna e externa para o país. Os brasileiros não usufruem de qualidade de vida satisfatória nem de imagem positiva no exterior em consonância com o que possuem.

Somos, além do mais, plurilíngues, realidade bem diferente da que se propaga para a maioria dos brasileiros através de um discurso de um país supostamente monolíngue. Além do português, fala-se em nosso território cerca de 180 línguas indígenas (cf. Rodrigues, 1993), de comunidades étnico-culturalmente diferenciadas, afora as populações bilíngues que dominam igualmente o português e línguas do grupo românico, anglo-germânico e outros, em sociedades multilíngues português-italiano, português-espanhol, português-alemão, português-japonês. A linguística volta-se para todas as comunidades com o mesmo interesse científico. Para Fasold (1984), a sociolinguística trata da importância social da linguagem desde os agrupamentos socioculturalmente pequenos a comunidades maiores. Se cada grupo apresentasse comportamento linguístico idêntico, não haveria razão para se ter um olhar sociolinguístico da sociedade.

Em princípio, podemos pensar que o multilinguismo traz problemas que as comunidades monolíngues não oferecem. De um prisma estritamente prático, as dificuldades de comunicação dentro de um país plurilíngue podem atingir o comércio, a indústria e provocar descontinuidades sociais. Nessa visão, o multilinguismo estaria em permanente conflito com o nacionalismo e na contramão de um desenvolvimento harmônico e de um crescimento uniforme de toda a sociedade.

Uma das primeiras barreiras seria a educação, permanentemente em conflito entre o nacionalismo e a manutenção de identidades socioculturais de comunidades minoritárias. Sabemos já que a melhor estratégia, nesses casos, é implantar um sistema total e amplamente bilíngue, que consiste em uma diretriz filosófica, norteadora de política educacional, para as comunidades indígenas no Brasil.

Se o multilinguismo constitui problemas, seria o caso de se pensar que os países monolíngues são melhores economicamente do que os multilíngues? Para provar isto, precisaríamos de métodos para medir o grau de diversidade linguística e o grau de sucesso e insucesso econômico, de modo a estabelecer uma correlação, por exemplo, entre grau alto de multilinguismo e nível econômico baixo.

Investigações dessa natureza foram tentadas por alguns autores sem sucesso, embora se possa admitir que exista uma tensão permanente e não casual entre uniformidade linguística e desenvolvimento econômico. Com efeito, é razoável afirmar-se que o conflito entre identidade grupal e nacionalismo contribui para uma sociedade mais dinâmica, e que uma multiplicidade de estilos de vida e de visões de mundo imprime situação estimulante. Em contexto desse tipo, afigura-se idealmente uma nação multietnica, com grupos socioculturais conscientes da cultura e identidade linguísticas locais, imbuídos de sua inserção nacional.

Impõe-se como realidade no Brasil que assim se estabeleçam as relações dos grupos comunitários com a nacionalidade brasileira em toda a sua plenitude. Repudia-se, portanto, o desenvolvimento de base imperialista, colonialista e discriminatória e defende-se a implantação e permanência de atitude que busca a equivalência de *status* social das línguas e de suas variedades.

Os linguistas brasileiros vêm lutando para evitar situações de diglossia no Brasil, tarefa desafiadora e difícil, embora situações diglóssicas na concepção genuína de Fishman (1967) não se apliquem de forma estrita. De fato, o processo de colonização não respeitou a identidade étnico-linguístico-cultural dos grupos nativos, mas esse quadro mudou e tem mudado, ainda que não se constate igualdade absoluta de direitos entre as comunidades de fala no Brasil. E como inserir nesse contexto já tão problemático a questão da mobilidade social? Que ações são possíveis para simultaneamente manter as distintividades antropoculturais sem alijar os indivíduos da estrutura de poder em âmbito nacional?

A diversidade linguística tem que ser considerada em cada sistema *per si*. Nesse sentido, o princípio universal da dinamicidade inerente (cf. Labov, 1972) tem que ser respeitado e aplicado a cada língua em particular. Ao reconceptualizar diglossia, Ferguson (1959) entende que as variedades linguísticas são funcionais, recebem um valor em relação às demais, devem ser adquiridas em toda a sua plenitude, são estandartizadas, estruturadas e estáveis.

Segundo Bortoni-Ricardo (1994), o português do Brasil apresenta uma diversidade distribuída em três *continua*. Em geral, o falante adquire primeiro as variantes vernaculares. Num processo sistemático e paulatino, pode apropriar-se de estilos e gêneros mais formais, aproximando-se das variedades cultas e da tradição literária.

Padrão e valor

Cumpre lembrar, neste ponto, que o português brasileiro (PB) está permanentemente sujeito (como todo sistema linguístico) a duas forças que atuam no sentido da variedade e da unidade. Esse princípio, presente nos sistemas linguísticos, tem sido amplamente estudado pelos sociolinguistas. Por meio da interação permanente dessas duas forças, as línguas exibem inovações, mantendo-se, contudo, coesas. De um lado, o impulso à variação e possivelmente à mudança; de outro, o impulso à convergência, base para a noção de comunidade linguística, caracterizada por padrões estruturais e estilísticos.

Note-se que isso só é possível porque a dinamicidade linguística é inerente e motivada. Labov prova como é equivocado o conceito estruturalista de variantes livres ao demonstrar que a variação é estruturada de acordo com as propriedades sistêmicas das línguas e se implementa porque é contextualizada com regularidade. A recorrência da atuação de parâmetros condicionadores resulta numa sistematicidade de tal modo que se delineiam padrões preditivos mensuráveis probabilisticamente.

No Brasil, a tradição dialetológica discretizou por demais os padrões sociolinguísticos admitindo-se como demarcados o padrão culto, as variedades populares e os falares regionais. Ainda hoje, categorias e subcategorias desse tipo são usadas seguindo a tradição da geografia dialetal e até mesmo as classificações dicotômicas labovianas *standard*/vernacular. Em enfoque mais avançado, Bortoni-Ricardo (1998; 2004) concebe a ecologia linguística do PB em três *continua* (o *continuum* rural-urbano, de oralidade-letramento e de monitoração estilística). Além de traços descontínuos, já sobejamente conhecidos, analisados e identificados nos polos rural e urbano, são levados em conta recursos comunicativos próprios de discursos monitorados e não monitorados. O grau de isolamento geográfico e social concorre para a gama de traços que definem uma estratificação descontínua, assim como as relações sociais, as características das redes sociais e o grau de relação do falante com o meio.

A proposta de Bortoni-Ricardo parece extremamente interessante, pois elimina, no entender de Marcuschi (2000), equívocos sobre a relação fala/escrita que, grosso modo, cria categorias estanques e dicotômicas, protótipos distantes da complexidade da diversidade das línguas. Em perspectiva estreita, não se compreendem estilos formais e informais na fala e na escrita em conformidade com o controle e monitoramento na produção linguística. Ademais, deve-se esquecer do ideal a ser atingido, além de se trabalhar com o plano da enunciação e de considerar-se o grau diferenciado de envolvimento dos falantes nos diversos gêneros discursivo-textuais olhados igualmente num *continuum*.

Os padrões linguísticos estão sujeitos à avaliação social positiva e negativa e, nessa medida, podem determinar o tipo de inserção do falante na escala social. Outros indicadores são igualmente responsáveis pela colocação ou exclusão social dos indivíduos. No Brasil, nível de renda e de escolarização, acesso a bens culturais, grau de comprometimento com a cultura letrada são alguns dos inúmeros agentes conjuntamente atuantes na questão da mobilidade social.

Estigmatização linguística e mobilidade social constituem binômio de interesse aos linguistas e ponto crucial para subsidiar o tema deste livro. Em princípio, estruturas de maior valor de mercado nos termos de Bourdieu (1977) parametrizam-se com alto grau de monitoramento e de letramento. Maior sensibilidade e percepção linguísticas são, via de regra, uma pré-condição à produção das formas de prestígio e disposição adequada para eliminarem-se estigmas sociolinguísticos seja na fala, seja na escrita.

Os linguistas brasileiros têm-se voltado para analisar essas relações e o preconceito linguístico tem sido um ponto muito debatido na área (conferir, por exemplo, Bagno, 2000), na medida em que predominam as práticas pedagógicas assentadas em diretrizes maniqueístas do tipo certo/errado, tomando-se como referência o padrão culto. Bagno (2000: 296) acredita que

> [...] a pesquisa linguística pode e deve contribuir para a reforma consciente e planejada da norma-padrão, no sentido de atualizá-la mais dinâmica e diminuir o fosso entre os usos reais e o uso ideal, fosso que é o campo das operações ideológicas que propiciam o preconceito linguístico e a exclusão social.

Mollica (1995: 128) procurou investigar a existência de uma constante entre produção/percepção/avaliação num estudo em que comparou usos e crenças dos falantes, levando em conta também a frequência e a funcionalidade das construções no discurso. Verificou que não existe necessariamente uma equivalência perfeita entre os processos e propõe que:

1. Estruturas menos notadas são menos estigmatizadas, que, no entanto, não são necessariamente as menos frequentes nem exatamente as variantes padrão;
2. Estruturas mais notadas são mais estigmatizadas, que, no entanto, não são necessariamente as menos frequentes nem exatamente as variantes não padrão;

3. Estruturas mais notadas (salvo os casos de variantes não sujeitas permanentemente à atenção dos indivíduos mais escolarizados) são envolvidas por condições especiais, que implicam quase sempre forte e nítida relevância do ponto de vista de sua funcionalidade sociopragmática;
4. Estruturas mais estigmatizadas (salvo os casos de variantes não padrão sujeitas permanentemente à atenção dos indivíduos escolarizados) só recebem avaliação negativa dos falantes quando são percebidas, e isso só se verifica se presentificadas as pré-condições estabelecidas em 3.

Num modelo em que se projetam três *continua*, apreende-se de forma mais precisa a complexa situação sociolinguística do PB, pois incorporam-se questões como a escolha do estilo que se impõe ao falante para acomodar-se ao seu interlocutor, o apoio contextual na produção dos enunciados, o grau de complexidade cognitiva exigida no tema em tela e a familiaridade do falante com a tarefa comunicativa realizada.

Encontram-se avançados os estudos que correlacionam variáveis sociais e fenômenos de uso na fala e na escrita. Mesmo assim, não nos parece ainda possível dar como concluída a discussão acerca da relação entre estigmatização sociolinguística e mobilidade social.

Labov (1972) investigou o efeito de diversos fatores sociais sobre traços do inglês *standard* e não *standard*, dedicando-se sobremaneira em demonstrar que o *black english*, variedade extremamente estigmatizada, sofre preconceito em razão de pressões étnicas, estilísticas e de escolarização e classe social. Sankoff, Kemp & Cedergren (1978) demonstraram que escolarização, valor de mercado de formas discursivas e *status* profissional dos falantes são relevantes para determinar o grau de marcação social negativa ou positiva das alternativas linguísticas: falantes com maior cotação no mercado linguístico tendem a lançar mão de estruturas de maior prestígio. As contribuições de Laberge (1977), Clermont & Cedergren (1979) e os trabalhos de Kemp (1979 e 1981) consolidam resultados a favor da tese de que empregos linguísticos prestigiados acham-se preferencialmente em indivíduos com prestígio social alto. Para o PB, os fenômenos até então observados para verificar-se a pertinência da relação entre estigmatização linguística e prestígio social apontam, de maneira diferenciada, a importância da cotação de mercado da forma linguística aliada à renda, sexo, faixa etária e nível escolar do falante.

As evidências estatísticas na coletânea de estudos de Silva & Scherre (1996) são interessantes e sugerem que renda, valor de mercado, sensibilidade linguística, conjuntamente com outros parâmetros sociais, podem ser bons indicadores utilizados para a discussão sobre o tema da diversidade linguística no Brasil e mobilidade social. Alguns resultados servem de comprovação de que a variável mercado se mostra relevante, pois demonstram que quanto maior a cotação na escala do mercado ocupacional mais sobe a probabilidade de haver concordância nominal, fenômeno inegavelmente marcado socialmente. Examinando-se o efeito de idade conjuntamente com mercado também sobre a concordância nominal, verifica-se que a força do mercado se faz sentir em indivíduos mais jovens, cuja norma é necessária do ponto de vista acadêmico e profissional.

A questão, em princípio, poderia ser simples se todas as evidências revelassem uma correlação constante e regular entre estruturas linguísticas *standard* e prestigiadas, de alto valor no mercado linguístico diretamente proporcional ao alto grau de consciência linguística. Considerada a relação como verdade absoluta, esperar-se-ia o emprego de estruturas-padrão dos grupos mais escolarizados e mais sensíveis quanto à diversidade linguística em relação à necessidade de adequação dos usos alternativos em estilos e gêneros de grau diferenciado de formalidade tanto na fala quanto na escrita. A realidade é, contudo, muito mais complexa.

Por exemplo, o uso da forma "seu", alternando-se com a forma "dele", para indicar um referente possuidor de quem se fala, acha-se em extinção na fala do PB, no entanto é *standard*, de tradição literária e altamente prestigiado, como já se demonstrou em estudos sobre atitudes linguísticas em diversas classes socioculturais. Em relação ao uso, os falantes classificados como mais conscientes e de renda mais alta registram maior número de empregos da forma padrão. Contraditoriamente, a variável mercado ocupacional não influencia no uso da forma "seu", tampouco a mídia se faz notar. Por razões funcionais, a forma "dele" (desambiguadora) vem se sobrepondo amplamente à forma "seu" entre os falantes de maior nível social e cultural e está sendo inclusive veiculada na mídia, ainda que seja desprestigiada, contrarie os ditames do padrão culto, faça parte do imaginário dos falantes como a forma recomendada e seja trabalhada na escola. Esse exemplo é extremamente útil para a nossa reflexão, porque fornece elementos concretos para a constatação ainda mais contundente quanto à complexidade da discussão do "valor de mercado" dos empregos linguísticos e da forma de trabalhar, na escola, as variedades-padrão na fala e na escrita.

Numa sociedade tão complexa como a constituída pelos falantes do PB, podemos pensar em inúmeros indicadores sociais, seja de exclusão, inclusão, estabilidade, seja de mobilidade social. Origem social, renda, acesso a bens materiais e culturais são alguns deles, assim como tipo de ocupação, grau de inserção em redes sociais, possibilidade de interferência na realidade.

Ainda assim, é muito difícil relacionar classe social com o comportamento linguístico. Chambers (1995) julga que classe social é o aspecto mais marcado linguisticamente nas nações intensamente industrializadas e a estratificação social pode ser observada com base em indicadores ocupacionais, educacionais e econômicos. Para o autor, nos círculos sociais mais fechados, mais localizados evidentemente, temos as redes sociais da família, da vizinhança, do clube e de outros locais de identidade. Há índices mais objetivos de classe social, outros de caráter bem subjetivo. Em seus estudos, Trudgill (1974) oferece índices detalhados para demarcar classe social, tal como localidade, tipo de casa etc. Note-se ainda que mobilidade social pode ficar ao sabor da avaliação das pessoas e submeter-se à constituição de estereótipos, como a categoria de *nouveau riche*.

Nem sempre variedades de prestígio, com alta cotação de mercado, são necessariamente assimiladas pelos falantes. Há casos que, por razões outras, uma regra pode encontrar-se em mudança em curso no sistema da língua, de modo que os padrões linguísticos devem ser compreendidos também pela sua natureza dinâmica. Esse é um dos motivos pelos quais nem sempre os movimentos dos indivíduos na direção de ascensão social redundam na apropriação de recursos linguístico-discursivos monitorados.

Estudos pioneiros no Brasil (cf. Paiva & Scherre, 1999) procuraram correlacionar a utilização de construções prestigiadas e não prestigiadas com variáveis como bens materiais, bens culturais, origem social. Os resultados não foram tão surpreendentes quanto se esperava, o que pode significar que essas categorias, ou não são mensuráveis porque não chegam a se refletir linguisticamente, ou são subcategorias que representam pré-condições a uma trajetória mais custosa e/ou mais longa que o indivíduo tem que percorrer no eixo vertical da estratificação social, na qual a língua é uma das propriedades no conjunto de propriedades que compõe finalmente o patrimônio social de uma pessoa.

Para aprofundar algumas questões lançadas, tivemos a oportunidade de investigar se os falantes tendem a mudar na direção de variantes de prestígio ao serem "promovidos" socialmente num espaço de vinte anos. A maioria dos estudos, reunida em coletânea por Paiva & Duarte (em preparação), não encontrou muita mudança nos aspectos analisados, à exceção de uma modificação na reconfiguração no sistema pronominal do PB contemporâneo.

No cômputo geral, pode-se afirmar que não se verificou substancial modificação no português dos falantes tomados isoladamente e na comunidade, mesmo naqueles indivíduos que, por alguns indicadores, modificaram seu *status* social. No conjunto de pesquisas, os fatores funcionais e sistêmicos prevalecem sobre os extrassistêmicos, reafirmando que os princípios de natureza discursivo-pragmática e cognitiva, que não pertencem estritamente à ordem social, regulam consistentemente os fenômenos analisados. Esses resultados são instigantes para quem investiga a relação linguística/educação.

Letramento escolar é a solução?

Como é possível vincular as questões linguísticas a fatores e a barreiras de exclusão e mobilidade social? A apropriação da cultura letrada e a utilização adequada de recursos linguísticos são suficientes para indicar o espaço que os indivíduos ocupam na escala social e/ou determinar mobilidade social?

Acredita-se realmente que o letramento (cf. Soares, 1998) é uma "saída" para as questões em discussão. Na área da Linguística, é difícil enumerar os estudos voltados para o tema cujo principal objetivo tem sido investigar a forma como operar os princípios e achados teóricos na formação dos profissionais de educação e em práticas pedagógicas. Num painel bem amplo apresentado em Silva & Scherre (1996), três tendências foram observadas quanto ao efeito da escolarização sobre as formas padrão, próprias a estilos e gêneros mais formais, descritos a seguir. Bortoni-Ricardo (2005) também tem observado a ação decisiva que atividades de letramento podem ter sobre os alunos, mesmo que sejam práticas de base inteiramente intuitiva por parte dos professores.

Vale ressaltar novamente que o valor atribuído às estruturas linguísticas é relativo. Em geral, conferimos positividade ou negatividade à linguagem do usuário segundo crenças e atitudes, em razão de fatores e propriedades fora da linguagem, e a avaliação que fazemos tem como ponto de partida um modelo cujos critérios de configuração são parciais e não abrangem todas as variedades linguísticas. Eis as principais razões pelas quais criamos estigmas sociolinguísticos e avaliamos pré-concebidamente os falantes.

Do ponto de vista educacional, não há qualquer vantagem em avaliar os alunos quanto à variedade linguística. Atitudes preconceituosas são equivocadas científica e pedagogicamente (cf. Scherre, 2005) e só aumentam a distância entre a linguagem dos alunos e a variedade padrão, concorrendo ademais para consequências de outra ordem, tal como baixa de autoestima, bloqueio dos falantes na interação em sala de aula. A despeito de todos os fatores intra e extralinguísticos, as práticas pedagógicas têm de ser adotadas a partir de critérios. Creio que, ainda que a diversidade linguística seja realidade inconteste e seu uso regulado por fatores, é preferível defender a proposta educacional de se insistir em práticas linguísticas da cultura letrada, prioritariamente na modalidade escrita de gênero acadêmico.

Rudimentos sobre
os princípios dinâmicos da fala

Variação inerente e sistemática

Cabe, neste capítulo, a sistematização de conceitos importantes. Todas as línguas do mundo são dinâmicas, já que estão sujeitas a processos de variação e mudança, o que significa dizer que suas unidades de diferentes níveis, extensão e complexidade podem coexistir com outras de igual valor de verdade e/ou serem substituídas. O caráter heterogêneo imanente nas línguas é inerente e, em contrapartida, convive com forças de estabilidade que estruturam os sistemas em suas invariâncias, legando-lhes identidade e coesão próprias.

É do senso comum a existência de mais de um vocábulo para um mesmo significado, no caso do português brasileiro *aipim-mandioca, tangerina-mexerica*, assim como de unidades vocabulares com estruturas fono-morfológicas modificadas como *também-tamém, planta-pranta, florzinha-florinha*, ou ainda de formas sintático-gramaticais alternativas equivalendo a uma única interpretação semântica: *nós vamos-a gente vai, não sei-sei não*. Aparentemente caótica e aleatória, a face variável da língua pode ser descrita cientificamente e não acontece por acaso. Variantes tais como *gostando-gostano, eu o amo -eu amo ele, é uma comida que eu gosto - é uma comida que eu gosto dela* têm seu uso controlado por fatores diversos como os sociais, estruturais, pragmáticos, que podem inibir ou favorecer o emprego de estruturas alternativas.

Ao observar usos como *eu torço pelo Framengo*, falantes mais sensíveis e letrados suspeitam do nível escolar baixo do falante que produziu o enunciado, em função da troca de /l/ por /r/ no grupo consonantal sublinhado (cf. Mollica & Paiva, 1987, 1991, 1993). Diante do galanteio masculino *tu estás muito bonita,* um bom observador do português do Brasil identificará o uso do pronome *tu* com a concordância do verbo na segunda pessoa como característica da região sul do país. São casos que ilustram as noções de marcadores regionais e sociais, suportes para os conceitos de dialeto e registro.

Marcas regionais predominantes numa dada comunidade linguística, facilmente identificadas geograficamente, são normalmente denominadas de marcadores, dialetos geográficos, falares regionais ou simplesmente dialetos. Já características de uma dada comunidade linguística, identificadas do ponto de vista da estratificação social, são rotuladas como indicadores ou dialetos sociais, ou ainda registros. O termo registro, por tradição, é usado também quando se leva em conta o estilo e/ou o contexto em que se produz o enunciado, a partir do momento em que é relevante a consideração do grau de formalidade do evento da fala e do tipo de interação pragmática.

Essas distinções não são tão rígidas, pois as alternâncias não se instalam nas línguas dicotomicamente. As formas em variação projetam-se num contínuo, o que significa dizer, por exemplo, que o tratamento *tu* em segunda pessoa assume predomínio na região Sul do país, mas seu emprego pode aparecer em todo o território nacional, assim como a ausência de concordância de número em sintagma nominal, aparentemente exclusiva de falantes menos escolarizados, emerge na fala de usuários extremamente cultos.

A postura mais adequada é a de evidenciar tendências, descartando-se concepções ortodoxas. A compreensão de que há variação em todos os níveis deve contemplar a ideia de que as alternativas de uso não ocorrem aleatoriamente, mas são motivadas por um conjunto complexo de parâmetros que constituem os condicionamentos ou variáveis que favorecem ou inibem o emprego de variantes (cf. Labov, 1994, 2001; Mollica & Braga, 2004). Agentes como escolarização alta, contato com a escrita, meios de comunicação de massa, nível socioeconômico e origem social altos concorrem, em geral, para o aumento na fala e na escrita da taxa de ocorrência de formas canônicas: dos pares em variação *clube-crube*, *amando-amano*, os fatores mencionados tendem a favorecer o emprego de *clube* e *amando* (cf. Mollica & Mattos, 1989 e 1992).

Os diferentes condicionamentos para a emergência de usos variantes são as variáveis, que não agem isoladamente. De modo geral, elas são muitas e atuam simultaneamente além de terem natureza diversa. Por exemplo, estudos demonstram que enunciados longos tendem a perder substância fônica em função da dificuldade de processamento e/ou do princípio de economia ou lei do menor esforço: não é raro encontrar-se o cancelamento da vibrante em palavra de grande extensão como *parabenizar*. Paralelamente a esta explicação, sabe-se que o destravamento silábico incide mais em formas verbais infinitivas e em posição de final de palavra, como em *agradecer* em contraste com *porta* (cf. Callou, 1979; Votre, 1978). Assim, simultaneamente, temos condicionamentos de natureza psicolinguística (extensão de vocábulo), de natureza morfossintática (forma gramatical) e de natureza fonológica (posição da sílaba na palavra) interagindo com forças pragmáticas, pois os estudos já demonstraram que a vibrante é mais realizada em contextos formais. Portanto, questões internas ao sistema (que lhe são inerentes), coatuam com forças de fora do seu universo, as chamadas variáveis extralinguísticas.

Pelo exposto, está constatado que as marcas linguísticas sujeitas à variação dependem da ação das variáveis estruturais, sociais e de outra natureza, empregadas com maior ou menor probabilidade: uma taxa alta de um dado conjunto de marcas configura então um padrão linguístico.

Admite-se que exista pelo menos uma variedade *popular* e uma variedade *standard*. Entende-se por padrão culto um certo conjunto de marcas linguísticas em acordo ou desacordo com os cânones da tradição gramatical: a variedade *não standard* ou variedade coloquial (cf. Mollica, 2003b) é própria da modalidade oral, utilizada em contexto informal, de discurso espontâneo, não planejado. Ela se diferencia da denominada variedade culta ou norma culta, que se compõe de empregos típicos de discurso planejado, utilizada predominantemente na escrita e comprometida com a tradição literária.

A polarização entre as duas variedades mencionadas não reflete fielmente a realidade de uma língua. Os padrões linguísticos se distribuem de forma escalar tanto diatópica quanto diastraticamente. Em geral, são dicotomicamente propostos em decorrência de necessidade didática: a norma culta ou padrão culto corresponde a um conjunto de comportamentos linguísticos comprometidos com o cânone gramatical. Os outros padrões distribuem-se num contínuo imaginário entre um polo positivo (maior ajuste à norma culta) e um polo negativo (menor ajuste à norma culta), sem se atribuir qualquer valor intrínseco positivo ou negativo.

Algumas diretrizes

Há mais de um tipo de perspectiva a adotar diante dos padrões linguísticos: a prescritivista parametriza os fatos linguísticos em referência à norma culta, tomando-se como ponto de partida um padrão linguístico específico cujas manifestações de língua passam a ser assumidas como certas ou erradas. Outra alternativa para um observador dos fatos linguísticos é a adoção totalmente despojada de qualquer pré-julgamento. Não se elege qualquer padrão ou paradigma como melhor ou pior para servir de base para avaliações. Ao observador cabe descrever e analisar os diferentes usos, considerando seus contextos e chances de ocorrência de tal maneira que a língua não se coloque como alvo de julgamento.

De acordo com a atitude adotada, *erro* constituirá ou não uma questão a ser considerada. Se se assume atitude prescritivista, todos os empregos linguísticos desajustados à norma gramatical ou ao padrão culto da língua serão considerados erros, que devem ser combatidos e eliminados nos enunciados falados e escritos. Se se assume atitude descritivista, empregos atípicos e certos padrões de uso serão considerados naturais ou inadequações (na hipótese de se considerar o padrão culto como referência).

Algumas confusões podem ser geradas normalmente a partir daí. Ao relativizar o enfoque quanto ao uso da língua, o linguista não está absolutamente advogando o caos, o "vale tudo". Introduz-se o respeito e a aceitação a qualquer manifestação de língua, desde que compreendida como própria a usos diversos, que invocam dialetos e/ou estilos linguísticos diferentes, igualmente possíveis e previsíveis aos falantes de uma língua.

Em parceria com a área de Educação, a Linguística incorpora a variação linguística como um conceito importante que deve ser considerado pedagogicamente. Com a dimensão heterogênea dos sistemas de língua, considera-se como premissa o princípio de que as variantes são condicionadas, são motivadas por fatores e devem ser entendidas como usos linguísticos alternantes, possíveis e legítimos a qualquer aluno.

Ao contextualizar a variação interna e externa às línguas, a ciência da linguagem assume-a controlada e seu esforço volta-se na direção de diagnosticar o *status* estável ou mutável da variação. O produto final de sua descrição deve atentar para a discussão da possibilidade de existência de uma mudança em curso ou em recuo no sistema, cabendo ao linguista prognosticar o futuro da língua.

Esse conhecimento, aplicado em muitas dimensões do mundo, é extremamente importante na formação do professor, seja no aperfeiçoamento de material didático, seja no aprimoramento do processo de aprendizagem mais eficaz do aluno na escola durante o letramento. No que tange à formação do professor, não é difícil compreender que assumir visão mais aberta quanto às potencialidades dos falantes de uma língua constitui postura tanto mais real quanto mais ampla para compreender questões e dificuldades implicadas no ensino de uma língua, em geral, e no de português, em particular.

Os obstáculos que se encontram na construção de uma pedagogia de língua portuguesa são muito diversificados. Há questões referentes ao objeto de ensino e à maneira de ensinar. O professor mais consciente torna-se, sem dúvida, um profissional com maiores chances de propor soluções aos desafios cotidianos (cf. Faraco, 1992; Fonseca, 1995 e Kato, 1986 e 1992).

No que tange ao material didático a ser utilizado, as pesquisas linguísticas sobre o português falado e escrito têm muitas contribuições a oferecer. O diagnóstico de fatores atuantes para o emprego de formas variantes constitui subsídio precioso à montagem de exercícios e propostas de trabalho.

Como entender, por exemplo, o emprego da vírgula segundo os cânones da gramática, desconhecendo o fato de que muitos dos usos desviantes do sinal diacrítico em referência são reflexos da fala e estão motivados por razões gramaticais, discursivas e psicolinguísticas? Como lidar com os inúmeros casos de ausência de concordância nominal e verbal, ou de regências "incorretas", sem um profundo conhecimento a respeito dos aspectos socioculturais, morfossintáticos e até semânticos envolvidos (cf. Scherre & Sousa e Silva, 1996; Naro, 1981)?

Para o aprendiz, que é competente em seu sistema de língua materna, quanto maior a ampliação do leque linguístico tanto mais proficiente ele se torna nos diferentes contextos de uso e de gêneros discursivos. Tomar conhecimento das adequações e inadequações de uso constitui condição ideal para o desenvolvimento pleno de habilidades de fala e de escrita.

Cabe retomar perguntas já lançadas em Mollica (2000: 31):

(1) Em que medida e em que dimensão as variações regionais devem ser respeitadas ou coibidas? (2) Como trabalhar pedagogicamente as alternâncias que são mais definidas quanto à distribuição dos indivíduos na escala social? (3) Quais os procedimentos pedagógicos a adotar para as variantes negativamente marcadas do ponto de vista social, ou seja, aquelas que são mais estigmatizantes? (4) Que princípios mais gerais podem-se postular como subsídios fornecidos pelas descrições sociolinguísticas por parte dos pesquisadores sobre o português falado e escrito? (5) Até que nível ou limite o sociolinguista pode chegar na contribuição aplicada de seus estudos? (a) Somente na formação do professor? (b) Somente no fornecimento dos elementos para a constituição de uma metodologia pedagógica confeccionada por outros profissionais? (c) Somente trabalhando em parceria com pedagogos e especialistas de outras áreas na confecção de material didático? (d) Percorrendo todos os caminhos de modo a chegar a atingir o nível de construção, indicação, aplicação e testagem de estratégias didático-pedagógicas, ressaltando os fenômenos variáveis?

Os estudos sociolinguísticos têm contribuído mais fortemente para a formação do professor (cf. Mollica 2003 e 2004; Da Hora, 2006; Bortoni-Ricardo, 2005), no nível da conscientização do educando, no que se refere à heterogeneidade da língua e seus princípios mais gerais. O capítulo "Trabalhando no nível discursivo" deste livro pretende avançar em direção ao público-alvo, chegando perto do aluno, de suas necessidades como aprendiz da variante *standard*, por meio de propostas pedagógicas próximas ao conhecimento que o falante possui naturalmente da língua.

Para isso, é necessário estabelecer algumas diferenças, levando-se em conta o critério que distingue estratégias voltadas para a fala e estratégias voltadas para a escrita. É aconselhável agrupar em tipos os fenômenos variáveis para uma e outra modalidade, levando-se em conta:

1) Respeito às variantes regionais dos alunos;
2) Conhecimento dos significados sociais atribuídos às formas variantes;
3) Consciência do grau de regionalização das variantes.

A partir daí, torna-se interessante classificar os fenômenos como lançado em Mollica (2000):

a) **Alguns fenômenos fonológicos que merecem trabalho pedagógico voltado para a escrita:**

Para esses fenômenos, a preservação de quaisquer das variantes na fala não implica consequências estigmatizadoras de qualquer natureza para os falantes. Eis alguns exemplos:

I – assimilação /mb/>/m/ como em *também~tamén*, que é geral no português do Brasil (cf. Mollica, 1994), mas que não recebe qualquer estigma social;

II – elevação e abaixamento de pretônicas e de postônicas como em *menino~mininu, Recife~Ricifi, Pernambuco~P/E/rnambuco*, que também é geral no português do Brasil, mas pode receber estigma em certos itens lexicais e não em outros, especialmente no caso de abaixamento (cf. Viegas, 1997);

III – cancelamento da vibrante pós-vocálica, como em *andar~anda*, excetuando-se em itens como empréstimos, que se aplica igualmente em todo o território brasileiro (cf. Callou, 1979; Mattos Lima, 1993; Votre, 1978) e não recebe avaliação negativa;

IV – realizações fonéticas diferentes para as variantes dos segmentos fonológicos /r/ em posição pós-vocálica ou em outras posições como em *rua* /h/, /R/; o mesmo para /s/, /z/, /h/, /0/ (cf. Auler, 1992).

V – cancelamento e inserção de semivogal como em *peixe ~pexe*, *pegou~pegô* (cf. Paiva, 1996), também em todo o território nacional; *nascimento-na(y)scime(y)nto*, mais localizado na região de São Paulo, *e doze-do(w)ze*, no Rio de Janeiro.

Nesses casos, os trabalhos sociolinguísticos podem contribuir no sentido de: (1) indicar, sob perspectiva diatópica e diastrática, o perfil sociolinguístico mais provável dos falantes que tendem aos diferentes usos; (2) subsidiar pedagogia que enfatize a autocorreção natural e espontânea (cf. Abaurre, 1988, 1990; Pacheco, 1995 e 1997), à medida que os falantes tomem contato estreito com a modalidade escrita da língua; (3) ajudar na aceleração do processo de autocorreção que se estende ao longo do letramento, especialmente nas séries fundamentais numa concepção mais alargada de alfabetização (cf. Franchi, 1988); (4) indicar os itens e os contextos mais prováveis em que, na escrita, quando for o caso, ocorre uniformização dialetal (cf. Cagliari, 1993); (5) sensibilizar os alunos, alertando-os no sentido de se respeitarem os usos regionais, sempre que os marcadores linguísticos preferidos pelo dialeto não impliquem discriminação linguística (Mollica, 2000: 35).

b) Alguns fenômenos fonológicos que merecem trabalho pedagógico voltado para a fala e para a escrita:

I – rotacismo /l/~/r/ como em *clube~crube, Cláudio~Cráudio* (cf. Mollica & Paiva, 1993);

II – passagem de /r/~0, salvo nos casos em que o fator atuante é de natureza psicolinguística, como em *próprio~própio* e *problema~poblema* (cf. Mollica & Paiva, 1993).

III – assimilação ndo~no, como em *falando~falano* (cf. Mollica & Mattos, 1992).

Os casos exemplificados em (b) constituem marcas fonológicas que recebem valor social extremamente negativo e sua manutenção na fala pode desfavorecer uma possível mobilidade social.

c) Alguns fenômenos morfossintáticos que merecem metodologia pedagógica voltada tanto para fala quanto para a escrita:

- concordância nominal e verbal;
- alguns casos de variação no sistema pronominal;
- usos alternantes de nexos prepositivos;
- empregos de conjunções interclausais.

Em geral, a variação morfossintática deveria merecer atenção especial. No caso da concordância, o uso das variantes não padrão (ausência de marcas morfêmicas de gênero, número e pessoa) acarreta geralmente complicações para o falante sempre que esse dependa de uma avaliação baseada no conhecimento acerca das formas linguísticas de prestígio. Já quanto à alternância entre *nós~a gente*, não é clara a distinção padrão/não padrão, prevalecendo o critério de caráter estilístico como formal/informal quando a diferença fala/escrita torna-se importante. Acrescente-se também a questão de eventos de fala mais adequados à emergência de cada uma das variantes, sem se desprezar, é claro, a relevância substantiva de fatores discursivos, que também envolvem fala e escrita; há que se atentar para os fatores que inibem ou favorecem o uso de *nós* ou *a gente* (cf. Omena, 1986a e b, entre outros).

A questão da escrita e da fala é igualmente relevante para ocorrências como, por exemplo, sujeito expresso/sujeito nulo, cujas variantes não se enquadram em qualquer polarização do tipo padrão/não padrão, formal/informal, prestígio/não prestígio (cf. Duarte, 1995; Paredes Silva, 1988). Há que se alertar para o fato de que uma proposta pedagógica com base em achados de todas as pesquisas sociolinguísticas e, em especial, de formas menos marcadas socialmente, deve contar com as indicações encontradas nos estudos sobre esses assuntos no que se refere às variáveis contextualizadoras das varian-tes em foco: por exemplo, variáveis discursivas, estilístico-pragmáticas e psicolinguísticas. Enquadram-se aí também as estratégias alternativas de indeterminação de sujeito que a língua portuguesa oferece ou os tipos de ordenações possíveis de sintagmas, tal como os processos constituintes sentenciais (cf. Naro & Votre, 1986). No mesmo grupo, estariam os me-canismos de relação interclausal, usos de diferentes conectores, ou ainda as construções clivadas (Paiva, 1991; Braga, 1995).

Sabe-se que os pilares explicativos para os diferentes usos de fenômenos aos quais acabo de me referir constroem-se sobremaneira na base de motivações de natureza discursiva, fundamentadas em diferentes graus de funcionalidade comunicativa. Assim, uma metodologia pedagógica para casos como esses terá de se voltar também para a escrita e para a fala, ressaltando-lhes os aspectos relevantes que dizem respeito a cada modalidade, mas não poderá trabalhar com o parâmetro da tradição gramatical. Deverá enfatizar questões como estilo, gêneros discursivos, estratégias de embalagem de conteúdos, aspectos ligados a foco narrativo, à coesão e à coerência discursiva ou mesmo a mecanismos interacionais da conversa (cf. Macedo & Oliveira e Silva, 1996; Macedo, 1997).

Assim, o nativo de português possui domínio completo do padrão coloquial da língua desde tenra idade e é no processo de letramento formal e em geral institucionalizado que passa a incorporar o padrão culto, os estilos e gêneros formais na fala e na escrita. O letramento supõe a incorporação dos conhecimentos e de práticas de ler e escrever no contexto social, visão abrangente de um processo em que inúmeros fatores são corresponsáveis. Do ponto de vista científico, todas as manifestações linguísticas são legítimas, desde que cumpridas as necessidades de intercomunicação. Contudo, ao considerar-se a adequação dos usos aos inúmeros atos de fala e estilos exigidos por situações contextuais reais de interação linguística, os falantes devem se apropriar de forma consciente das potencialidades linguísticas para eliminar inadequações, restrições e não ficar adstritos a "espaços comunicativos" limitados sob pena de serem condenados à imobilidade social.

O eixo certo/errado, implementado e preferencialmente adotado historicamente como prática pedagógica no ensino sistemático de estruturas linguísticas de variedades prestigiadas, tem contribuído para reforçar as diferenças sociolinguísticas, prestando-se aos interesses de ideologia dominante que prioriza a exclusão social. É possível promover uma quebra no sistema vigente com base nos princípios imanentes dos usos linguísticos reais com o lema "rota da fala para a escrita".

Note-se que facilitar o acesso aos saberes letrados pressupõe o percurso de uma via natural por parte do usuário da língua, despertando-lhe a consciência de conhecimentos já existentes, evidenciados nos estudos linguísticos e devidamente selecionados para que o processo de aprendizagem se torne mais rápido e praze-roso. Dessa forma, amplia-se a gama de possibilidades linguísticas do aprendiz, incluindo-se a língua padrão a que todos os falantes têm direito de chegar a dominar ainda que não a venham usar.

Os estudos pioneiros de Santos (1973 e 1980) destacam a importância da escola e o valor social de padrões linguísticos que compõem a heterogeneidade das línguas. Santos sugere que as realizações se organizam em três subconjuntos de variação:

(a) realizações sob estigmatização social mais ampla;
(b) realizações não estigmatizadas pela escola;
(c) realizações sob estigmatização basicamente escolar.

Para (a), a escola atua tão somente para manter uma percepção despertada em níveis altos por pressão social mais ampla. Para (b), a escola atinge seu objetivo de conscientizar os educandos a respeito de variantes. Há que se atentar neste ponto para a enorme evasão escolar que acaba por diminuir a eficácia desse tipo de atitude sobre os indivíduos que se evadem. Para (c), a escola tem sucesso parcial. Afirma Santos (pp. 227-8):

> Mesmo sem ser levado, por treinamento, ao uso dos valores que a escola prescreve, o aluno é adver-tido sobre a existência das variantes e de seu *status*

escolar. Mas se a escola consegue a formação de um consenso de crenças e de atitudes sobre a heterogeneidade linguística em geral, já não obtém o mesmo em relação a variantes particulares, mesmo aquelas sobre as quais exerce pressão. A escola não erradica do aluno o valor que ela estigmatiza. O aluno, tomando conhecimento do status escolar do valor que usa, pode ficar definitivamente seguro de que fala "errado". Mas se ele não percebe auditivamente a diferença dentre os valores, ele não "assumiu a atitude da escola em relação à variante, por maior que seja a sua disposição para aderir a ideologia escolar".

Em estudos na perspectiva variacionista, desenvolvidos ao longo de trinta anos sobre o português oral atual, estabeleceram-se inúmeras correlações entre as variáveis como *nível escolar* e *pressão escolar*. Estar sob a égide do treinamento de regras na escola surte efeito positivo sobre o uso de variantes-padrão se comparamos com a variável nível de instrução que o indivíduo possui. Então, a escola parece atuar nas mudanças de comportamento linguístico, no que toca aos estigmas sociais das formas. No entanto, a maioria dos estudos mostra que os impulsos inovatórios da língua não são contidos pela escola e podem concorrer para a mudança no valor das estruturas linguísticas.

Em testes de atitudes, no estudo de Mollica (1995), os indivíduos consultados não só responderam a questionários que indagaram sobre o grau de sensibilidade que tinham em relação a certas marcas variáveis como também foram estimulados a fazer atribuições avaliativas. Para fenômenos indicados como muito estigmatizados, a resposta dos falantes sinalizou, em geral, o alto grau de sensibilidade e repúdio às variantes desprestigiadas. Este é o caso da concordância nominal e da concordância verbal. Já para processos anafóricos em estruturas relativas e construções de tópico, os índices apresentaram patamar de 50%.

As regras que estão previstas na grade curricular da escola são evidentemente mais "audíveis", mais notadas e mais avaliadas pelos falantes (por exemplo, regra de concordância e regência). As demais, que não são explicitamente "despertadas" na escola, passam a fazer parte de pressão social mais ampla de que fala Santos. São construções sociopragmaticamente marcadas, assumidas por falantes mais inseguros como altamente prestigiadas, ou então são usadas inconscientemente com finalidades comunicativo-funcionais claras.

Oliveira e Silva (1994) apresentou resultados muito interessantes sobre o estudo de crenças e atitudes com mães e professores. Dos aspectos observados, o estudo indica que as professoras são menos preconceituosas do que as mães, embora ambos os grupos pesquisados mantenham preconceitos linguísticos. Essa pesquisa confirmou que a escola não é a principal responsável por influenciar o modo de falar, sendo a família um fator preponderante.

A discussão aqui apresentada baseia-se na realidade escolar de grandes centros urbanos como o Rio de Janeiro. Bortoni-Ricardo (1998) desenvolveu pesquisa sobre outro universo escolar em estudo realizado sobre a interação professor/sala de aula e observou que os docentes de uma escola rural nos arredores de Goiânia são sensíveis apenas àquelas diferenças linguísticas que eles atribuem à proveniência regional dos alunos.

Diversos traços não padrão passam despercebidos. No decorrer da aula, o professor apresenta mudança de código, alternando entre o dialeto local e o padrão, embora ele não aparente ter consciência das duas entidades. A distinção que o professor estabelece incide nas formas linguísticas usadas para ler e escrever, adequadas à comunicação, sem mediação de um texto escrito. Segundo Bortoni-Ricardo, o peculiar bi-dialetalismo produz um efeito positivo em relação às crianças na construção da atenção e no rendimento do trabalho escolar.

Nos termos de Mollica (2000: 28), pode-se supor que:

> (1) os agentes propulsores à mudança localizam-se fora da escola; (2) a escola age como refreadora das inovações, porém não é o único espaço que cumpre tal finalidade e nem sempre é o principal fator inibidor; (3) os valores sociais imprimem-se fora e dentro da escola; (4) o legado dos estigmas linguísticos são reforçados pela pressão escolar, embora não prepondere em todos os casos; (5) significação social de formas linguísticas pode em certos casos até ser ignorada pela escola, na hipótese de que esta não as perceba e/ou não as absorva como fatos do sistema linguístico.

A transposição criteriosa do acervo de que dispomos no nível da pesquisa básica e descritiva fundamenta a minha proposição pedagógica e me permite oferecer algumas estratégias aplicáveis no nível da capacitação do professor. Antes, cabe rever a postulação de algumas diretrizes.

(1) Ir do mais provável para o menos provável: quase sempre as dificuldades mais frequentes dos aprendizes de escrita incidem em contextos que favorecem a emergência de variantes não padrão que podem vir a migrar para a escrita.

(2) Ir do mais frequente para o menos frequente: em se tratando de trabalho em sala de aula, há que se ter bom senso de "atacar" problemas priorizando inicialmente os que mais ocorrem; assim, recomenda-se que o trabalho com desvios da variante *standard* de menor incidência seja postergada, em geral. Há casos, porém, que (1) e (2) entram em conflito, pois nem sempre o que é mais provável é mais frequente.

(3) Ir do discurso para a sentença (ou para o vocábulo, ou para segmentos menores como sílabas e fonemas): essa máxima serve como guia para muitos fenômenos variáveis que são contextualizados por fatores discursivos, como *status* informacional do referente, cadeia tópica, paralelismo formal, figura/fundo; não se deve perder de vista, no entanto, a relevância de fatores de processamento, como tamanho de sintagmas e de palavras, complexidade estrutural, distância entre elementos, bem como de parâmetros de natureza fonológica.

De acordo com (1) e (2), devemos selecionar prioritariamente as variáveis que mais atuam para a emergência do erro na escrita. Por exemplo, sintagmas nominais com dupla marca de número plural na fala, como em *ovo~ovos* não costumam oferecer problemas para o usuário do ponto de vista da concordância. No entanto, os sintagmas verbais e nominais cujo plural é regular e menos saliente fonicamente, como *ele fala~eles falam* ou *casa~casas* (cf. Lemle & Naro, 1977; Scherre, 1988) constituem o subgrupo mais problemático para o falante, que costuma marcar geralmente o plural nas formas mais audíveis fonicamente apenas no primeiro elemento, nos casos de sintagma nominal.

Uma pedagogia para o ensino do português como língua materna tem que salientar questões já diagnosticadas como reais. Não faz sentido ensinar ou exercitar problemas que não existem ou que sejam menos prioritários. Assim, as premissas gerais pressupõem a existência de descobertas dos pesquisadores sobre assuntos já estudados, que envolvem variação no português atual oral e escrito e fornecem informações tais que os usos alternantes da língua portuguesa podem, na escola, ser conscientizados e sensibilizados, exercitados convenientemente, dirigidos e até coibidos, quando for o caso.

O emprego desviante da vírgula entre sintagma nominal (SN) e sintagma verbal (SV) incide mais nos intervalos em que o SN sujeito é mais complexo sintaticamente e de maior extensão. Portanto, para atender às máximas (1) e (2), os professores devem usar procedimentos didáticos específicos, deixando de lado os SNs menos complexos e de menor extensão. No entanto, para atender à máxima (3), os professores devem também estar atentos a intervalos com SNs que, mesmo de núcleo pronominal, pequenos e simples estruturalmente, têm função dêitica no texto (anafórica ou catafórica). As pesquisas mostraram que, nesses casos, há grande chance de se empregar a vírgula entre SN e SV, pois ela representa, na fala, um referente em contraste, inferível, enfatizado, ou um referente que o falante quer recuperar no discurso (cf. Mollica & Soares, no prelo).

Casos como esse são inúmeros na literatura variacionista e as máximas aqui esboçadas podem aplicar-se total ou parcialmente em cada fenômeno. A releitura atenta das descrições sociolinguísticas e a eleição das variáveis mais pertinentes e sua testagem em sala de aula já se encontram em Mollica (2000 e 2003b) e estão sendo expostas com mais detalhes neste livro, através de outras propostas pedagógicas e por meio de tecnologia digital.

Com base em alguns parâmetros apontados em Naro & Votre (1986) sobre o acordo entre sujeito (s) e verbo (v), é relevante considerar as seguintes variáveis: ordem sv/vs e distância nula ou presença de distância entre s e v. Pelos estudos mais atuais, a ordem canônica sv no português pode estar em processo de mudança para vc em alguns contextos, paralelamente à tendência de marcar a flexão à esquerda. Assim, os falantes naturalmente interpretam o sujeito posposto ao verbo e/ou distante dele como um sintagma nominal (sn) objeto, resultando em menor índice de concordância. Sentenças como *chegou as aulas,* ou ainda *acabou, que pena, as aulas* ou *chegou, finalmente, as aulas* são extremamente comuns na fala e na escrita. Pedagogicamente, trabalhar prioritariamente esses contextos é extremamente aconselhável, uma vez que as chances de processamento das variantes sem a concordância são bem altas.

Alunos testados com relação à ordem sv/vs e à distância entre os constituintes demonstram que as variáveis consideradas são altamente relevantes: os falantes costumam estabelecer a concordância entre os sintagmas em formas plurais mais marcadas na fala. Os resultados mostraram que, em relação à posição e à distância sujeito/verbo, confirmou-se o reflexo da fala na escrita também quanto à concordância verbal. Uma instrução direcionada nesse sentido mostra-se eficaz, atentando-se para o fato de que palavras com função de sujeito podem posicionar-se à direita do verbo e, independentemente do lugar que ocupam na ordenação dos constituintes, são marcadas por desinência de flexão de tempo, modo, número e pessoa. É necessário lembrar que, quanto mais distante o sujeito do verbo, tanto mais provável a ausência de marca entre os constituintes.

Tenho demonstrado que os aprendizes de escrita demoram mais a aprender o padrão quando se trata de alternâncias na fala com *status* de mudança em curso e/ou com interpretações sintagmáticas diferentes do paradigma esperado. Os resultados provam que a orientação explícita na escola traduz impacto positivo no letramento, mesmo em regras mais resistentes. Os resultados dos experimentos em escolas referentes à concordância verbal demonstram que há uma paridade entre fala e escrita e que é possível trabalhar a variedade padrão na escrita do estudante, por meio de orientações baseadas em tendências de uso da própria língua. Os falantes entendem bem explicações que regem os empregos reais e passam a compreender os meios de que se utilizam para apropriar-se das formas-*standard*.

Para o processo do rotacismo /1/ para /r/ e a supressão de /r/ para 0, os estudos diagnosticaram o controle forte de fatores sociais e estruturais. Sabe-se que o uso de /r/ por /1/ em grupos consonantais como em *Flamengo–Framengo* é frequente em indivíduos de baixa escolarização. Possuidores de, no máximo, o nível primário, eles têm situação socioeconômica baixa e ocupam postos profissionais que não lhes exigem ajuste à norma culta. Assim, os procedimentos pedagógicos, para essas regras, devem voltar-se, antes de tudo, para um universo de falantes com um perfil sociolinguístico de indivíduos egressos das baixas camadas da população, no que diz respeito à estratificação social. Devem, por outro lado, evitar incluí-las em comunidades linguísticas em que esses processos não são produtivos.

Do ponto de vista estrutural, há mais chance de os processos se aplicarem quando existe, nos itens lexicais em questão, outra líquida na palavra, localizada ou não em outro grupo consonantal, isto é, em itens como *claro*, *problema*, *próprio*, em comparação a *blusa* e *prato*. Pedagogicamente, portanto, os processos em foco deveriam ser primeiramente trabalhados em itens cuja passagem de /1/ para /r/ e de /r/ para 0 é mais provável. Ainda do ponto de vista intrassistêmico, as pesquisas informam também que a natureza fonética da consoante-base favorece ou inibe a ocorrência dos processos. Segmentos de traços mais fortes (+ oclusivo e + surdo) são bons condicionadores à emergência das formas vernaculares, enquanto que os de traço mais fraco (+ fricativo e + sonoro) inibem o abrandamento de /1/ para /r/ e de /r/ para 0. Isso se verifica, pois traços fonéticos fortes tendem a atenuar e/ou a suprimir elementos sonoros vizinhos, especialmente quanto ao rotacismo. Então *clero* e *prato* apresentam mais condições de operação dos processos que *clube*. Qualquer método didático-pedagógico deveria tomar como critério as informações aqui fornecidas e exercitar primordialmente os itens que apresentam as características com maior probabilidade de operar o rotacismo e o zero fonético de /r/>/0/.

Estudos sobre os processos de assimilação /mb/~/m/ e /ndo/~/no/ revelam que essas regras diacrônicas se aplicam em um grande universo lexical da história do português, operam variavelmente no estágio atual da língua, em subconjuntos do vocabulário, regidos por princípios detectáveis. No caso de /mb/~/m/, a variação permaneceu tão somente no item *tam-bém*, em todos os espaços geográficos em que o português é falado, sob a forma de resíduo (cf. Mollica, 1994). Ficou demonstrado que se trata de variação estável entre as formas *também~tamém*, pouco relevante geograficamente e muito marcada diastraticamente: indivíduos mais escolarizados, em situação de maior formalidade discursiva, tendem a ajustar-se às formas-*standard*, enquanto problemas de processamento de fala podem concorrer para o maior uso de *tamém*.

Pedagogicamente, esse caso se inclui no rol de processos em que, ao longo da escolarização e a depender do estilo e do evento de fala, a forma padrão emerge naturalmente. Por se tratar de apenas um item lexical atingido pelo processo e pelas razões referidas, não me parece que a criação de uma didática específica se justifique. O simples contato com a língua escrita e a preferência estilística por parte da norma pela forma *também* são indicadores suficientes do ponto de vista didático.

Já o processo de assimilação /ndo/~/no/, como em *andando~andano*, por afetar espectro lexical maior e por ser regido por maior número de parâmetros, deve merecer tratamento diferenciado do ponto de vista de uma possível pedagogia orientada. Com base em Mollica & Mattos (1989), ficamos sabendo que há itens não afetados, outros pouco afetados ou muito afetados pela assimilação. Essa hierarquização se baseia especialmente no parâmetro da categoria morfológica a que pertence o item, além de sua frequência e formalidade de uso.

De acordo com tais variáveis, os nomes próprios quase nunca são atingidos: não há casos, por exemplo, de *Orlano* e *Raimuno*, enquanto que as formas de gerúndio são fortemente afetadas pelo processo, já os substantivos comuns e os adjetivos quase não o são e as conjunções *quando* e *segundo* são mais atingidas em junturas morfofonêmicas em que não há silêncio e em que questões de processamento acham-se presentes. Paralelamente, quanto mais frequentes e mais "informais" os itens, mais se processa a assimilação, sendo o inverso também verdadeiro. A construção de uma pedagogia específica deveria iniciar-se pelas categorias mais frequentes e mais prováveis à assimilação, sabendo-se, entretanto, que a regra pode regular-se por autocorreção ao longo da escolarização, em razão da escrita, ainda que a variação na fala se mantenha.

Esses são alguns exemplos que têm o objetivo de demonstrar os meios através dos quais muitas informações dos estudos sociolinguísticos são valiosas para o ensino. Da leitura das pesquisas só se deve extrair o que há de mais pertinente a fim de se criarem estratégias didáticas norteadas pelas três máximas propostas. Em geral, podemos agrupar os problemas como fono-ortográficos, morfossintático-gramaticais e discursivo-textuais.

Propostas pedagógicas dentro e fora do texto

Marcos teóricos

Desde a entrada do paradigma da Linguística, que rompeu com a tradição do certo e do errado, tem-se analisado a relação entre a construção do conhecimento e a interação professor-aluno. Algumas discussões nesses quase cinquenta anos têm logrado êxito, no entanto uma nova questão se coloca uma vez que o aluno-aprendiz ainda não conseguiu corresponder de forma adequada às expectativas no que se refere à coconstrução do conhecimento de estruturas estigmatizadas na língua falada e na língua escrita.

Este capítulo apresenta relatos de experiência em vestibulares comunitários na região metropolitana do Rio de Janeiro, como exemplos de utilização de estratégias sociointeracionais da relação professor-aluno para superar o desequilíbrio de formas prestigiadas e não prestigiadas. Comprova-se que os esquemas interativos utilizados atuam mais fortemente no conhecimento sistêmico se implementados dentro e fora do texto dialeticamente. A experiência teve como base as propostas dos Parâmetros Curriculares Nacionais (PCNs) de Língua Portuguesa (LP) e as formulações teóricas advindas da Linguística Aplicada, correlacionando com o arcabouço teórico-metodológico da Teoria da Variação.

Muitos educadores sabem que o domínio da linguagem é condição essencial para que se tenha a possibilidade de participação social. Vivemos em um mundo "no qual nada de importante se faz sem o discurso" (Santos, 2005, p. 74). Vale salientar também que entendemos que não é somente um indivíduo que aprende, mas sim a comunidade em rede de que participa, para a qual pessoas diferentes trazem e constroem conhecimento em conjunto.

Segundo os PCNs-LP (p. 23), "Toda educação comprometida com o exercício da cidadania precisa criar condições para que o aluno possa desenvolver sua competência discursiva". A fim de garantir esse compromisso, o documento alerta que é a pluralidade de textos, orais ou escritos, literários ou não, que fará o aluno-aprendiz perceber como se estrutura sua língua. Diante desse quadro, "a base do ensino só pode ser o texto", afirmam os parâmetros (idem, ibidem).

Essa conclusão é justificada na medida em que se pretende, por exemplo, contextualizar o discurso, valorizar hipóteses linguísticas elaboradas pelos alunos em um processo de reflexão sobre o uso que é feito da linguagem por falantes da comunidade e evitar preconceitos contra as formas de oralidade e as variedades não padrão. No entanto, uma das contribuições deste capítulo consiste em oferecer a possibilidade de trabalhar paralelamente fatos gramaticais, que fazem parte do conhecimento sistêmico do aluno, não só dentro do texto mas também fora dele.

Sabe-se que o trabalho com textos reais permite, dentre outras coisas, que o significado seja dialógico, isto é, seja construído pelos participantes do discurso e que o aluno relacione facilmente o universo da sala de aula tanto quanto seu papel enquanto sujeito inserido discursivamente no mundo ao localizar o texto como ação social. O trabalho com exercícios, por sua vez, ajuda o aluno a sistematizar o conhecimento linguístico adquirido. Nesse sentido, o grande questionamento a ser feito diz respeito ao enfoque dado aos exercícios, utilizados pelo profissional da linguagem nas salas de aula, em que a dimensão discursiva se dissocia.

Os exercícios devem ser pautados em pesquisas acadêmicas, de modo a indicar os contextos mais propícios ao aparecimento de cada fato gramatical a ser contemplado, como já foi ressaltado em capítulos anteriores. Dessa forma, evita-se o ensino de língua portuguesa calcado em padrões gramaticais anacrônicos e artificiais ou em estruturas inócuas.

O marco teórico importante assenta-se no conceito de construção do conhecimento, visão social de aprendizagem elaborada por Vygotsky (1978), cujo foco baseia-se na interação entre o aluno e o professor a partir de experiências comuns. Caso a aprendizagem não se processe, os chamados "erros" devem ser corrigidos através de metaconhecimento com base em modos diversos de apropriar-se de saberes marcadamente letrados.

Em geral, o conhecimento é apreendido de forma implícita; em alguns casos, deve ser explicitado para o aluno. Como afirma Moita Lopes (2005, p. 98): "A falta deste tipo de conhecimento resulta em pseudoaprendizagem em que não há elaboração de conhecimento baseado em princípios, como, por exemplo, quando o aluno não consegue ver o propósito do que está acontecendo em sala de aula". A distinção proposta por Edwards & Mercer (1987) é clara no que diz respeito à caracterização da construção do conhecimento em sala de aula: conhecimento ritualístico ou processual e conhecimento baseado em princípio.

O conhecimento ritualístico ou processual é típico da estruturação discursiva e se caracteriza pela busca da resposta certa, a fim de satisfazer o professor. Prioriza a memorização e a assimilação mecânica dos conteúdos de forma descontextualizada. O conhecimento baseado em princípio, por outro lado, possibilita ao aluno apropriar-se de saberes com os quais estabelece relações de significado com outros conhecimentos já elaborados, ampliando e transformando sua estrutura conceitual. Como afirma Bruner (1966, p. 75), preocupado em alcançar o conhecimento de princípio, o professor sabe que ensinar não é levar o aluno "a armazenar resultados na mente, e sim ensiná-lo a participar do processo que torna possível a obtenção do conhecimento. [...] Saber é um processo, não um produto". Esse conhecimento propiciará a superação da necessidade de andaimes e promoverá a autonomia do aluno-aprendiz.

A visão de erro adotada vai ao encontro daquela de Bortoni-Ricardo (2004) cuja explicação encontra-se no próprio sistema e no processo evolutivo da língua. O "erro" é concebido não como uma falha, mas como parte do processo da aprendizagem. Nos termos de Moura Neves (cf. 2004: 156),

> [...] a proposta e a manutenção de uma dicotomia
> com certo x errado, no exame do uso linguístico,
> não são condenáveis simplesmente pelo que elas

poderiam representar de antidemocrático e preconceituoso, mas, especialmente, pelo que elas representam de anticientífico e antinatural, já que certo e errado são categorias que nem emanam da própria língua nem, no geral, se sustentam por uma autoridade social legítima.

O arcabouço teórico-metodológico da Teoria da Variação, cujos pilares encontram-se no texto emblemático de Weinreich, Labov e Herzog (1968), apresenta-se como uma contribuição pontual ao ensino, já que subsidia teoricamente trabalhos sobre fatos linguísticos variáveis, sua causa e seus contextos mais prováveis de uso. Tornou-se importante analisar o uso no seio das comunidades de fala, correlacionando os empregos variáveis da língua a aspectos linguísticos e sociais, antes julgados como aleatórios, verificando-se a existência da heterogeneidade sistemática. Nesse sentido, o paradigma variacionista afina-se à visão apresentada pelo PCN-Língua Portuguesa, como se lê em trecho do documento:

> A discriminação de algumas variedades linguísticas, tratadas de modo preconceituoso e anticientífico, expressa os próprios conflitos existentes no interior da sociedade. Por isso mesmo, o preconceito linguístico, como qualquer outro preconceito, resulta de avaliações subjetivas dos grupos sociais e deve ser combatido com vigor e energia. É importante que o aluno, ao aprender novas formas linguísticas, particularmente a escrita e o padrão de oralidade mais formal orientado pela tradição gramatical, entenda que todas as variedades linguísticas são legítimas e próprias da história e da cultura humana. (PCN – LP, 1998: 82)

O preconceito linguístico deve ser combatido em sala de aula, mas o desafio situa-se no como fazer. Sustentamos a posição de que apenas a identificação da diferença e a conscientização de usos distintos não são suficientes, já que a democratização no ensino deve incluir também a coconstrução de estruturas de prestígio nas interlocuções do espaço escolar. Para ir além da sensibilização, os profissionais de linguagem devem ensinar a norma padrão por meio do texto, sem abrir mão também de exercícios. O aluno-aprendiz deve se exercitar tanto na direção do texto como na direção dos exercícios pontuais focados em estruturas linguísticas determinadas.

Assim como os conteúdos de Língua Portuguesa se articulam em torno do uso da língua oral e da língua escrita, da reflexão sobre a língua e a linguagem, a variação linguística deve ser igualmente abordada focalizadamente, de forma que dois eixos básicos sejam articulados no processo de construção do conhecimento: texto e exercício, sempre a serviço da consciência crítica sobre a linguagem em uso, conforme o esquema:

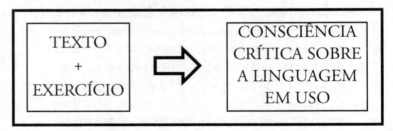

Experimento longitudinal

Realizou-se um experimento em um pré-vestibular comunitário do Movimento Humanista, localizado no Centro Tecnológico da Universidade Federal do Rio de Janeiro (UFRJ). Trata-se de organização não financiada pelo Governo que conta com um corpo docente voluntário. Os trinta sujeitos da pesquisa são quase todos alunos maiores de 18 anos, provenientes de comunidades do Complexo da Maré e de comunidades vizinhas a Bonsucesso e à Zona Norte do Rio de Janeiro. Compondo uma turma, a classe foi acompanhada por cinco professores de Língua Portuguesa, articulados a projeto de iniciação científica em Linguística da Faculdade de Letras da UFRJ.

O objetivo foi aplicar propostas pedagógicas inovadoras, diferenciadas dos moldes tradicionais de ensino, para melhorar a conscientização, por parte dos vestibulandos, de que, na língua escrita, é necessário que se atente para as variantes de prestígio. O estudo pode ser compreendido como uma ação afirmativa, dado que se motiva fundamentalmente pela meta de inclusão social do aluno.

Procurou-se capacitar os estudantes para o reconhecimento de modalidades da língua e de situações de uso de diferentes variáveis na fala e na escrita. A dinâmica grupal mostrou-se ferramenta eficiente para a organização de trabalho em equipe. Como instrumentos de pesquisa, foram também utilizados relatórios de aula em que foram expostas as expectativas, impressões e opiniões de professores e de alunos sobre as atividades sugeridas. Estudos dirigidos também foram aplicados, assim como um questionário sociocultural.

O viés metodológico do trabalho baseou-se na sociolinguística aplicada, levando-se em consideração a realidade e as necessidades educacionais atuais. Focalizou-se, assim, o universo variacional da língua que se apresenta como dificuldades tradicionalmente conhecidas no letramento e a coconstrução da aprendizagem através da interação professor-aluno e aluno-aluno. Na pesquisa em sala de aula, com alicerces nos postulados sociointeracionais da aprendizagem, tentou-se unir os conhecimentos processuais e de princípio. Os professores se preocuparam em construir andaimes para os alunos lidarem melhor com a competência de criar estratégias e de aplicar conhecimentos coconstruídos: ao aluno foi oferecida a autonomia de resolver e compreender tarefas, de modo a superar os desequilíbrios existentes.

As atividades realizadas em sala de aula serviram para que fosse possível estudar a tendência dos fatos gramaticais na fala e na escrita, tanto quanto para que fosse favorecida a inclusão dos educandos em relação às questões atuais do Brasil e do mundo, seus diferentes posicionamentos acerca de temas como sexualidade, violência e beleza física *versus* beleza moral. A turma foi organizada em um grande círculo, para que todos visualizassem uns aos outros e para tornar a comunicação mais acessível e confortável. Assim, os aspectos levantados durante a discussão eram anotados e colocados como propostas de argumentação, que deveriam ser elaboradas em textos acadêmicos, gênero exigido nas redações de vestibular. O objetivo foi envolver os vestibulandos no chamado "trabalho pessoal", em que novos debates eram desenvolvidos, incluindo dinâmicas em grupo, como iniciativas motivadoras aos estudos.

Outra forma de despertar o interesse e a atenção dos aprendizes foram as gincanas. Os alunos eram divididos em grupos pequenos e as tarefas eram baseadas nos conjuntos de fatos gramaticais estudados durante o curso. A atividade revelou-se bastante positiva, uma vez que foi possível interagir também com os alunos mais tímidos. Ao final, sempre havia comentários sobre a validade das atividades, impressões e expectativas, para formalizar o conhecimento coconstruído durante as aulas. Importante mencionar que, em nenhum momento, os alunos perceberam que estavam sendo observados.

Tais investigações basearam-se no que Moita Lopes (2002) caracterizou como pesquisa de diagnóstico e pesquisa de intervenção. A ideia é focar o ensino-aprendizagem como algo a ser observado e acompanhado num *continuum*. Essa preocupação com o processo durante a aprendizagem dos sujeitos levou ao diagnóstico da evolução dos vestibulandos, havendo, sempre que necessário, a intervenção do professor para atingir qualidade no processo de ensino-aprendizagem.

Um exemplo dessa prática foi o assunto norteador apresentado na primeira aula da turma: *fala e escrita*. De forma participativa, procurou-se modificar a relação de poder entre professor e alunos, considerando que o aprendiz também tem voz em sala de aula e pode interagir na negociação de significados. A intervenção dos professores foi de suma importância para que os vestibulandos compreendessem que a diferença entre a oralidade e a escrita não constitui distinção simples a ser identificada, como se pode perceber no seguinte trecho de relatório de aula (cf. Soares, 2005: 2):

> A aula foi iniciada com uma pergunta: Sabemos que conversar com um amigo ao telefone é bem diferente de escrever uma redação. Certo? Por quê? Os alunos responderam, de forma imediata que as situações eram diferentes, a primeira informal e a segunda formal. Também responderam que conversar com um amigo ao telefone corresponde a um texto falado, enquanto que escrever uma redação é atividade correspondente à produção de texto escrito. Os vestibulandos foram alertados para o fato de que essa distinção nem sempre é fácil. Textos escritos podem apresentar recursos da fala e textos falados podem apresentar recursos de escrita.

> O texto que o jornalista apresenta no telejornal não é espontâneo; ele não decora todas aquelas notícias. Sabemos que o texto jornalístico é inteiramente preparado para ser lido: o jornalista lê como se estivesse falando.

Foi utilizada, portanto, a pesquisa interpretativista de base tanto etnográfica quanto de protocolo (cf. Moita Lopes, 2005). Os dados receberam tratamento estatístico sob perspectiva laboviana e a análise voltou-se para as questões de ensino-aprendizagem considerando o processo como um *continuum*.

A partir do questionário sociocultural, foi possível traçar o perfil da turma com a qual os fatos gramaticais estigmatizados foram trabalhados. Observando o comportamento das variáveis *faixa etária* e *nível de instrução*, verificou-se, de modo geral, que os alunos maiores de 18 anos e com o ensino médio concluso apresentaram mais frequentemente preferência pelas variantes desprestigiadas.

A turma foi acompanhada e a evolução do grupo foi analisada em dois momentos de forma que, no segundo momento, houve intervenção do professor. Em ambos os diagnósticos, verificou-se que os alunos de 15 a 18 anos, que terminaram o ensino médio mais recentemente, compreenderam melhor o uso das variantes ajustadas ao padrão culto. As estratégias aplicadas demonstraram-se eficazes independentemente do fato de os estudantes terem concluído ou não o ensino médio.

Com o propósito de observar os usos de alguns fatos gramaticais, foi realizado um diagnóstico inicial sem qualquer intervenção do professor tempo 1 (T1). Durante o processo de ensino-aprendizagem, realizou-se um segundo diagnóstico, dessa vez com intervenção tempo 2 (T2), a fim de investigar a eficácia das novas diretrizes propostas. Observem-se os resultados:

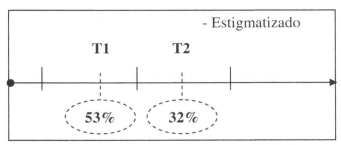

Esquema 1. Resultado dos diagnósticos inicial e final.

Pelo esquema 1, constata-se que houve redução de 21 pontos percentuais na escala, o que corresponde a queda de aproximadamente 40% na frequência dos dados não padrão na fase em que o professor interveio. No que diz respeito aos fatos gramaticais, a intervenção por parte do professor também se revelou importante.

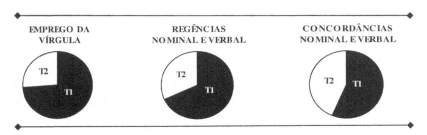

Gráfico 1. A influência da intervenção do professor nos fatos gramaticais.

O gráfico 1 reflete a comparação entre a presença de formas não padrão nos textos produzidos pelos alunos. Os percentuais são indicadores indiretos de que, a partir das dinâmicas, os alunos apropriaram-se da variante de prestígio. No que concerne às expectativas, impressões e opiniões dos alunos expressas durante as aulas, os fatos gramaticais e os contextos em que os vestibulandos

74 Fala, letramento e inclusão social

sentiram mais dificuldade foram: (1) *emprego da vírgula* entre sujeito e verbo, (2) *regência verbal* e (3) *concordância nominal* em casos em que os elementos se encontram pospostos ao núcleo do sintagma nominal e em palavras que possuem menor saliência fônica. Vale ressaltar que esses contextos são apontados por pesquisas acadêmicas como mais propícios ao aparecimento de inadequações quanto ao cânone gramatical. Os exemplos abaixo foram produzidos durante a pesquisa.

(1) O Aviador, Meninas de Ouro, Entrando numa fria ainda maior e Perto demais, estão em cartaz nos cinemas.
(2) Há informações de fonte segura que você tem uma amante.
(3) Seu comportamento e atitude são inaceitável.

Os experimentos desenvolvidos nessa turma de pré-vestibular evidenciaram a possibilidade da compatibilização entre os paradigmas variacionista e sociointeracionista. Os resultados obtidos com a pesquisa referem-se principalmente à necessidade da construção do conhecimento do nível maior para o menor e do menor para o maior de forma dialética, através de textos e através de estruturas sintagmáticas, de modo a constatarmos o efeito positivo de um trabalho dinâmico que contempla fatos gramaticais dentro e fora do texto, no todo e em suas partes.

Fala e escrita na escola

Apesar de alguns livros didáticos abordarem a relação entre fala/escrita e a questão da variação linguística, muitos professores deixam de lado essa perspectiva, considerada normalmente como de importância secundária. No entanto, pesquisas comprovam que a tendência pedagógica tradicional se acha superada (cf. Mollica et al., no prelo). As novas diretrizes, voltadas para temas sobre língua portuguesa de maneira interdisciplinar, levam em consideração, entre outras coisas, o conhecimento prévio que o aluno traz para a sala de aula.

As atividades sugeridas na segunda parte deste livro enfatizam três níveis principais da estrutura da língua: fonético-fonológico, gramatical e discursivo, dentro e fora do texto. Assim, as propostas pedagógicas voltam-se para as questões de *ortografia,* para aspectos gramaticais como *concordância, regência, utilização do sistema pronominal, pontuação.* Os fatos linguísticos abordados nos exercícios são da ordem de unidades vocabulares, sentenciais e textuais. A interpretação de textos também é contemplada, sem se perder de vista a relação fala/escrita e a adequação e inadequação de usos alternantes contextualizados.

Vale lembrar que as propostas levam em conta as motivações dos usos de maior ou menor peso, identificadas durante a seleção que os falantes operam das formas variáveis. Assim, procurou-se trabalhar com a intuição natural do aluno enquanto nativo do português, de modo a estimular a consciência das opções linguísticas que o falante faz durante o processamento da linguagem.

Ao longo das atividades, o aluno foi capaz de reconhecer inadequações em distintas situações de uso da língua, cabendo ao professor estimular o aprendiz como usuário da língua a tomar consciência da relação fala/escrita e dos contextos mais plausíveis no momento de processar opções. Por isso, nos exercícios, os educandos são estimulados a prestar atenção às inúmeras vezes em que utilizam formas de esquiva para evitar o emprego de estruturas que não conhecem e/ou que julgam erradas, atitude típica de insegurança linguística. Exercícios que mostram registros diferentes aguçam os alunos a compreender melhor o funcionamento de sua língua materna, mesmo de construções pouco ou não utilizadas na língua, falada ou escrita, com alto ou baixo estigma.

Os trechos reais de fala espontânea, em alguns casos, tiveram que ser alterados para que fossem atingidos os objetivos pretendidos. O uso de materiais autênticos contribui para o aluno desfazer os limites entre dois mundos paralelos: o mundo da escola e o mundo fora da escola. São bem-vindos recursos, como CD ou vídeo e outros similares.

Quanto à interpretação de textos, enfatizo, de modo mais específico, a relação entre textos falados e textos escritos. A intenção é despertar no aluno a atenção quanto aos contextos formais e informais, priorizando o conhecimento de mundo que os educandos já possuem antes de entrar na escola, geralmente desprezado pelos professores. Independentemente do nível linguístico trabalhado, o professor deve estar atento para as várias soluções que podem ser dadas para uma mesma questão. Ele jamais deve descartar a resposta que o aluno fornece, mas poderá ajudar o aprendiz a formular estratégias que conduzam à compreensão do enunciado.

Os exercícios foram elaborados com o intuito de desenvolver o raciocínio, passo a passo, com o aluno. As atividades não estão reunidas por ciclos ou níveis de dificuldade assim como acontece na educação formal, já que se assume que há diferenças de nível de proficiência linguística, mesmo entre turmas do mesmo ciclo. Destaca-se a importância de verificar o perfil sociolinguístico da turma, pois as propostas pedagógicas estão apresentadas num *continuum* em que o grau de complexidade é diferenciado.

Exercícios e propostas pedagógicas

Trabalhando no nível fonético-fonológico

✎ Preencha os espaços com o nome das figuras e observe o encontro, que irá se formar, entre duas vogais em cada palavra.

_ _ _ _

_ _ _ _ _

_ _ _ _

_ _ _ _ _

_ _ _ _ _ _

_ _ _ _ _

_ _ _ _ _ _

Barras de _ _ _ _ _

_ _ _ _ _ _ _ de _ _ _ _ _ _ _

Fala, letramento e inclusão social

✍ Complete as frases observando as partes que compõem as palavras e os encontros entre vogais.

a) Tempo é ⬚ ⬚ ⬚ .

b) Vamos procurar o mapa do ⬚ ⬚ ⬚ ?

c) Daremos a ⬚ ⬚ ⬚ ⬚ assim que o bebê acordar.

d) Mamãe pintou o cabelo de ⬚ ⬚ .

e) Fui atendido pela ⬚ ⬚ ⬚ ⬚

f) O presente está dentro daquela ☐☐☐☐ | ☐☐☐ .

g) Sou ☐ | ☐☐☐☐ | ☐☐☐ | ☐☐☐ | ☐☐☐

por cachorrinhos!

h) Comprei um ☐☐ | ☐☐ | ☐☐☐ de pulso.

82 Fala, letramento e inclusão social

✎ PALAVRAS CRUZADAS: siga as pistas e descubra a palavra secreta:

1.	Serve para sentar.
2.	É um derivado do leite e o rato adora.
3.	Com ela cortamos papéis, plásticos etc.
4.	O coelho gosta de comer.
5.	É algo necessário, mas não se tem muito.
6.	É acendida na festa de São João.
7.	Contrário de "muito".
8.	O mesmo que sentir falta de alguém.

Trabalhando no nível fonético-fonológico

✎ Observe que o palhaço PLIN-PLIN está carregando muitos balões.

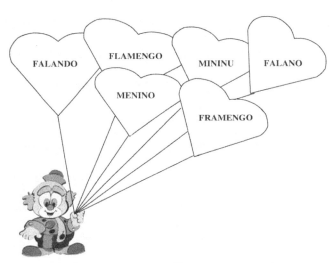

Para ajudá-lo, vamos escolher apenas três opções para preencher os balões em branco?

84 Fala, letramento e inclusão social

✎ CARTA ENIGMÁTICA:

_____ (1) de Janeiro, _____ de _____ de 20_____.

Querida mamãe,

aqui está tudo bem, mas infelizmente estou com _____ (2)

_____ (3). O inverno se aproxima e, por isso, preciso comprar

_____ (4) de frio.

Apesar dos problemas, estou tão feliz aqui que até canto no

_____ (5)!

Como vai o papai? Ele parou de _____ (6)? Espero que

sim. O cigarro não traz benefícios à saúde, aliás, nunca trouxe. E por falar

em saúde, dê lembranças ao _____ (7) Carlos e a sua

_____ (8).

Hoje, fui comer _____ (9). O _____ (10) do

_____ (11) é muito bom.

Um _____ (12) da sua filha,

_____ (13).

Trabalhando no nível fonético-fonológico 85

Trabalhando
no nível gramatical

✓ Faça as modificações necessárias nas palavras que compõem as frases seguintes:

a) O jove**m** é capa**z** de fazer o bem.

   Os jove ____ ____ são capaz____ ____ de fazer o bem.

b) Atitud**e** responsáve**l** traz melho**r** resultad**o**.

   Atitude____ responsáve ____ ____ trazem melhor____ ____ resultado____ .

c) Atualmente, a mulhe**r** trabalha tanto quanto o home**m**.

   Atualmente, as mulher____ ____ trabalham tanto quanto os home____ ____ .

d) O métod**o** tradiciona**l** de ensino é ineficá**z**.

   Os método____ tradiciona____ ____ de ensino são ineficaz____ ____ .

e) O paí**s** foi invadid**o** por uma trop**a** milita**r**.

   Os país____ ____ foram invadido____ por tropa____ militar____ ____.

Fala, letramento e inclusão social

✓ Observe os quadrinhos. Agora, siga as instruções para formar frases com esses pedacinhos. Atenção: verifique se as construções pedidas pelas instruções são ou não possíveis.

a)

| saias | Mara | azuis | tem | blusas | e |

1ª Instrução → Somente as saias devem ser azuis:
( ) Possível   ( ) Não é possível

2ª Instrução → Somente as blusas devem ser azuis:
( ) Possível   ( ) Não é possível

3ª Instrução → As blusas e as saias devem ser azuis:
( ) Possível   ( ) Não é possível

b)

| usa | e | Ana | brancos | copos | taças |

1ª Instrução → Somente os copos devem ser brancos:
( ) Possível   ( ) Não é possível

2ª Instrução → Somente as taças devem ser brancas:
( ) Possível   ( ) Não é possível

3ª Instrução → As taças e os copos devem ser brancos:
( ) Possível   ( ) Não é possível

c) | relatórios | e | longos | Escrevi | cartas |

1ª Instrução → Somente os relatórios devem ser longos:
( ) Possível   ( ) Não é possível

2ª Instrução → Somente as cartas devem ser longas:
( ) Possível   ( ) Não é possível

3ª Instrução → As cartas e os relatórios devem ser longos:
( ) Possível   ( ) Não é possível

d) | tem | e | amplos | quarto | A casa | sala |

1ª Instrução → Somente o quarto deve ser amplo:
( ) Possível   ( ) Não é possível

2ª Instrução → Somente a sala deve ser ampla:
( ) Possível   ( ) Não é possível

3ª Instrução → A sala e o quarto devem ser amplos:
( ) Possível   ( ) Não é possível

Fala, letramento e inclusão social

✓ Leia o texto a seguir:

> *Aos 21 anos, Daiane dos Santos é a campeã mundial de um dos exercícios mais difíceis no solo e ganhou três medalhas de ouro em etapas da Copa do Mundo. Ela é uma das principais estrelas brasileiras da atualidade. O Brasil é um dos países que possui os melhores e mais capazes atletas, tanto homens quanto mulheres, alguns deles são: Pelé, Ayrton Senna, Guga, Ronaldinho. Todos eles, assim como Daiane, começaram a carreira ainda muito jovens e sempre tiveram apoio de seus pais.*
>
> (*Revista Seleções*, agosto de 2004, p. 84)

a) Após a leitura do texto, é possível encontrar palavras que podem corresponder a um ou mais objetos ou seres, como é o caso de "medalhas", em que se trata de mais de uma. Com base nessa constatação, sublinhe no texto outras 5 palavras na mesma situação.

b) Agora produza frases com as palavras que você destacou.

c) Você já pode completar o quadrinho abaixo com palavras do texto, prestando bastante atenção em suas terminações:

Grupo I	Grupo II	Grupo III	Grupo IV
E _ _ _ _S	M _ _ _ _ _ ES	A _ _ _NS	D_ _ _ _ _IS
E _ _ S	C _ _ _ _ ES	J _ _ _ NS	P_ _ _ _ _ _ IS
P _ _ S	P_ _ _ ES	H _ _ _NS	
A_ _ S			
S_ _S			

✓ Vamos observar um fato narrado por José, um morador do suburbio do Rio de Janeiro:

> *Ontem, lá na praça, dois cara, que são freguês antigo do boteco do Joaquim, eles estavam muito nervoso, eles brigaram muito. As pessoas estavam dizendo que os cara são ladrão dos pior que existe, que sempre foram conhecido como irresponsável e que nunca foram capaz de fazer uma coisa certa. Esses cara são muito jovem, mas já foram presos muitas vezes.*

a) Qual é o problema tratado por José na história que ele nos contou?

_____

_____

b) Quantas pessoas estão envolvidas nesse problema? Quem é(são) essa(s) pessoa(s)?

_____

_____

c) As palavras utilizadas por José fazem referência adequada ao número de participantes presentes na história?

_____

_____

_____

d) Se você considera que as palavras utilizadas por José demonstram inadequadamente a quantidade de pessoas que participam da história, substitua-as por outras adequadas.

_____

_____

_____

_____

e) Explique o motivo das inadequações.

_____

_____

_____

✓ Vejamos agora duas situações. No primeiro caso, nós observaremos Maria da Glória em uma conversa e, em seguida, uma notícia anunciada pela jornalista Fátima Bernardes.

> ... o dinheiro era contado pras despesas <u>dele</u> e não podiam fazer festa né ... porque não havia dinheiro para farra porque <u>os pai</u> não podiam dar, então quando meu filho tava no 3º ano de engenharia né ... no pátio da faculdade de Petrópolis <u>ficava estacionado os automóvi dos estudante</u> ...
>
> (Maria da Glória, 52 anos, Projeto Censo, 1983.)

Um alerta para quem costuma contratar serviços pela internet. Golpistas estão vendendo pacotes de carnaval num hotel paradisíaco e fictício.

a) Os textos anteriores são falados ou escritos?

b) Observe que, na conversa de Maria da Glória, existem algumas palavras sublinhadas. Quais são elas?

c) Existem inadequações nas falas de Maria da Glória e da jornalista? Em caso afirmativo, aponte-as e substitua-as por formas adequadas.

d) Você considera que a jornalista se expressa de forma diferente de Maria da Glória? Em caso afirmativo, por qual razão isso acontece?

✓ Natália e seus amigos, Thiago, Vitor e Lia, brincaram tanto o dia inteiro que estão famintos! As crianças, mesmo cansadas, querem continuar a brincar. Então, senhor Carlos, pai de Natália, dá uma ideia a sua esposa, dona Luiza: — *Por que não preparamos uma sopa de letrinhas? Assim eles poderão comer e brincar ao mesmo tempo!* Cada um deles está tentando formar duas frases, mas ainda faltam algumas palavras. Vamos ajudá-los a completá-las?

Sopa de Natália

1. Você lembra _____ a feira de _____ é na sexta-feira?
2. _____ tinha certeza de que faltava _____ em sua conta bancária.

Sopa de Thiago

1. O aluno esqueceu que o prazo de entrega do _____ havia terminado.
2. Luana está certa _____ passou no _____.

Sopa de Vitor

1. Ninguém me _____ de que não haja outra forma de resolver o problema.

2. _____ a todos ontem _____ aquele brinquedo pertence ao vizinho de _____.

Sopa de Lia

1. Recordava-te _____ semana que vem já é primavera?

2. Todas as escolas _____ de que seus alunos poderão participar de apenas duas modalidades _____.

✓ Luiz foi a uma loja de brinquedos e comprou um joguinho de quebra-cabeça para seu irmão Lucas. De acordo com as regras, o jogador deveria reorganizar os tijolinhos do muro das casas. Vamos ajudá-lo na construção e formar frases?

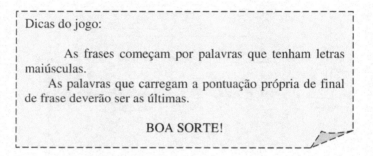

Dicas do jogo:

    As frases começam por palavras que tenham letras maiúsculas.
    As palavras que carregam a pontuação própria de final de frase deverão ser as últimas.

BOA SORTE!

Construção 1

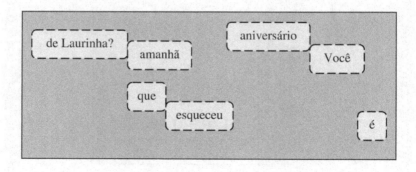

_____

_____

Construção 2

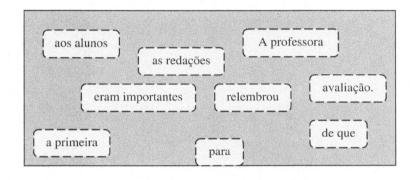

Construção 3

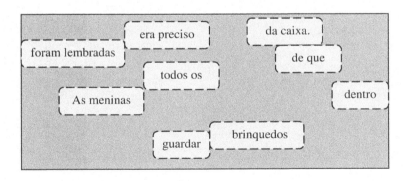

Construção 4

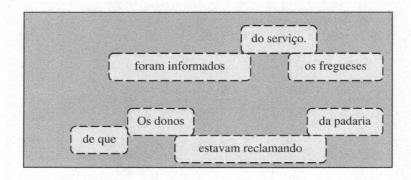

Construção 5

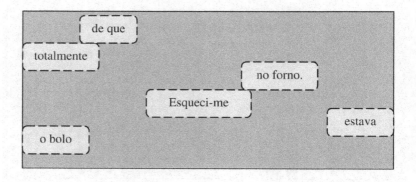

Trabalhando no nível gramatical **101**

✔ Observe atentamente os fragmentos retirados do jornal *O Globo* e do programa *Fantástico*. Vale lembrar que o primeiro trecho é uma notícia esportiva, o segundo é da seção de cartas de leitores, o terceiro é uma crônica e, por último, temos uma entrevista oral transcrita.

> – Nosso sucesso aqui vai melhorar a vida de muita gente. **Tenho certeza de que se alguém vai pegar a bola na rede não serei eu e sim o Fábio** – provoca Zé Romário.
> (*Encontro de líderes na Serra* – Márcio Tavares / *O Globo*, 10/03/04)

> **Tenho certeza que ninguém será punido no escandaloso caso Waldomiro.** Agora, uma coisa pode se prever, sem medo de errar: o PT será visto de outra forma pela população após o furacão Waldomiro Diniz. Caiu a máscara de partido ético e guardião das boas maneiras políticas. O PT é um partido como todos os outros. Nasceu, cresceu e chegou ao poder denunciando e criticando ferozmente as mesmas práticas de que se vale agora. A fratura maior na legenda é moral.
> (*A. A.* – Goianésia (GO) / *O Globo*, 26/02/04)

> Do governo Fernando Henrique, acho que não, mas dele próprio certamente a gente vai sentir saudade – de sua vocação democrática, de seu estilo civilizado, de seu temperamento tolerante, lhano, afável, cordial e tantas outras palavras de um vocabulário que não costuma ser muito comum em política. Pode acontecer o que aconteceu com JK, cuja imagem melhorou à medida que o tempo foi passando, reforçando na gente a **certeza de que ele foi muito melhor** [...].
> (*Contra o medo, Fernando Henrique* – Zuenir Ventura / *O Globo*, 19/10/02)

> [...] eu **tenho certeza que o povo vai ter dimensão que o governo e o presidente da República são a mesma coisa** [...]
> (Entrevista do presidente Lula concedida ao *Fantástico* em 17/08/2003)

Agora, reflita sobre as seguintes questões:

a) Observe as frases destacadas em negrito. Você consegue compreender todas elas? Que assunto é abordado em cada uma?

_____

_____

_____

102 Fala, letramento e inclusão social

b) Há semelhanças e diferenças nas construções em destaque?

_____

_____

c) Observe com atenção a estrutura "certeza (de) que" em cada frase. De acordo com a sua percepção como falante do português brasileiro, você acha que "quem tem certeza" tem "certeza alguma coisa" ou tem "certeza de alguma coisa"?

_____

d) Com relação aos trechos retirados de jornal, você acredita que algumas dessas frases tenham passado despercebidas pela equipe de revisão gramatical desse jornal? Caso sua resposta seja positiva, diga qual(is) o(s) gênero(s) dos jornais que parecem não ter passado pela revisão.

_____

e) Há também problema gramatical na frase destacada na entrevista do presidente Lula?

_____

f) A partir das frases em que você identificou problemas gramaticais relativos a ambos os textos, escrito (de jornal) e falado (entrevista do presidente Lula), finja que você foi contratado(a) para fazer a revisão desses textos, com a preocupação de não alterar as palavras dos autores. Que modificação você faria?

_____

_____

g) Você acha que os revisores do jornal podem ter sido influenciados pelo que acontece na fala ao "deixarem passar" inadequações gramaticais, assim como ocorreu na entrevista oral com o presidente Lula?

_____

_____

Trabalhando no nível gramatical **103**

✓ Observe atentamente as frases a seguir e crie outras novas de acordo com as primeiras. Se necessário, faça as devidas modificações.

a) Não tem lógica a <u>explicação</u> de que o senador estaria desviando verba para o banco na Suíça.

argumento – _____

_____

b) Tenho <u>consciência</u> de que posso executar as tarefas solicitadas pela diretoria.

certeza – _____

_____

c) Carlos teve a <u>impressão</u> de que a gasolina aumentou, de um dia para o outro, quando foi abastecer a *van* para trabalhar.

medo – _____

_____

d) Não há <u>dúvidas</u> de que o crime será combatido.
garantias – _____

_____

e) Há <u>rumores</u> entre os consumidores de que comer fora é mais econômico.

suspeitas – _____

_____

f) As autoridades de trânsito não <u>se convenceram</u> ainda de que é preciso que alguma providência seja tomada rapidamente.

chegar à conclusão – _____

_____

104 Fala, letramento e inclusão social

✓ Suponha que as frases a seguir sejam manchetes de jornais que circulam na cidade em que você mora. Complete as frases com as palavras do quadro, sem repeti-las. Em seguida, complete o segundo espaço em branco com "de que" ou "que" de acordo com a palavra anterior escolhida por você. Por fim, reescreva as construções observando a presença ou a ausência de "de" nos contextos propostos.

> (se) lembrar – certo – alegação – conta –
> afirmam – prova – informados – desconfiam

a) Moradores da baixada são _____ _____ haverá corte de água durante o feriado.
_____
_____

b) Argentino é barrado sob a _____ _____ teria entrado no Brasil ilegalmente.
_____
_____

c) Perícia _____ _____ os documentos são falsos.
_____
_____

d) Governadora Rosinha Mateus afirma não _____ _____ prometeu apoiar a população em projetos sociais.
_____
_____

e) Diretores da escola de samba _____ _____ estão sendo investigados.

_____

_____

f) Assaltantes não se dão _____ _____ estavam sendo filmados em uma loja no Leblon.

_____

_____

g) Ator afirma estar _____ _____ a próxima novela das seis será um sucesso!

_____

_____

h) Estudantes _____ _____ houve quebra de sigilo nas provas do vestibular.

_____

_____

✓ VAMOS BRINCAR? Dona Estela, mãe de Aninha, comprou um jogo. Elas abriram a caixa e arrumaram o tabuleiro, o dado, as fichas e as frases no chão da sala. Aninha pegou o manual e leu as regras do jogo em voz alta:

> **Objetivo do jogo**
>
> O peixinho Tico se perdeu do cardume. Você, como bom amigo, ajudará Tico a nadar pelo caminho que o levará até seus amiguinhos Léo, Quico, Lili e Tina.
>
> **Como jogar**
>
> 1 — O jogador lançará o dado, andando as casinhas do tabuleiro de acordo com o número obtido.
>
> 2 — Em cada casinha pela qual o jogador passar, haverá uma ficha no baralho da cor correspondente. No verso dessa ficha haverá duas opções de frases. O jogador deverá escolher aquela que mais parecer com a escrita.
>
> 3 — Se o jogador acertar (alguém de fora deverá conferir a resposta que está num envelope pardo anexado ao jogo), poderá prosseguir na busca dos outros peixinhos.

Hora do jogo! Aninha abre o tabuleiro e joga o dado.

Caiu o número 2 no dado. Aninha pega a ficha correspondente e lê, com atenção, as frases. Que opção melhor se ajusta à língua escrita? Finja que você é um amigo convidado para auxiliar na brincadeira.

Primeira ficha:

( ) Comprei um sapato que preciso do sapato para ir à festa.
( ) Comprei um sapato de que preciso para ir à festa.

Segunda ficha:

( ) Ganhei uma blusa da qual gostei muito.
( ) Ganhei uma blusa que gostei muito da blusa.

Terceira ficha:

( ) Comprei um livro do qual necessitava para estudar para a prova.
( ) Comprei um livro que necessitava estudar com o livro para a prova.

Quarta ficha:

( ) Esta é a chave que preciso dela para abrir a porta com a chave.
( ) Esta é a chave de que preciso para abrir a porta.

Quinta ficha:

( ) Essa é a professora a qual admiro.
( ) Essa é a professora a qual admiro ela.

Sexta ficha:

( ) A secretária que falei dela é organizada muito pouco.
( ) A secretária da qual lhe falei é pouco organizada.

Sétima ficha:

( ) Foi nesta casa em que passei toda a minha infância.
( ) Foi esta casa que passei a minha infância.

Agora, ajude Pedrinho, irmão de Aninha, que também quer brincar:

Primeira ficha:

( ) Este é o bombeiro que todos aplaudiram ele.
( ) Este é o bombeiro que todos aplaudiram.

Segunda ficha:

( ) Você já sabe sobre quais assuntos irá discutir na primeira reunião de pais da escola?
( ) Você já sabe que assuntos irá discutir sobre eles na primeira reunião de pais da escola?

Terceira ficha:

( ) O dinheiro que preciso ele está sobre a mesa.
( ) O dinheiro de que preciso está sobre a mesa.

Quarta ficha:

( ) Sempre gostei desse poeta cujas poesias declamo até hoje.
( ) Sempre gostei do poeta que as poesias declamo até hoje.

Quinta ficha:

( ) Esta é a missão pela qual você deveria ter se responsabilizado.
( ) Esta é a missão que você deveria ter se responsabilizado por ela.

Sexta ficha:

( ) Esta é a rua e aqui um assalto houve.
( ) Esta é a rua em que houve um assalto.

<u>Agora responda:</u> quem ajudou Tico a encontrar mais rápido seus amigos Léo, Quico, Lili e Tina? Por quê?

✓ Escolha as estruturas da caixa abaixo completando uma parte da conversa entre o juiz e o advogado de defesa. Note que algumas estruturas podem sobrar; risque-as da caixa. Em seguida, desvende, em poucas linhas, o mistério do homicídio, utilizando, no decorrer do seu texto, pelo menos duas estruturas que você empregou.

> pelo qual – cujo – no qual – sobre o qual – em que – por cujas – o qual

– Senhor Ricardo, gostaria de saber o motivo _____ seu cliente está sendo acusado.

– Pois não, meritíssimo. Senhor Carlos Magalhães, homem _____ defendo, está sendo acusado de homicídio doloso.

– Há algo _____ gostaria de falar em defesa de Sr. Magalhães?

– Sim. No dia 7 de março de 2005, época _____ meu cliente encontrava-se de férias, viajou para Miami com a família, _____ voo confere com a mesma hora do crime: 22h30.

– Sim, prossiga – diz o juiz.

– Pois então como poderia o Sr. Carlos Magalhães ter matado a senhora Laura das Neves Cunha e Silva?

_____

_____

_____

_____

_____

_____

_____

Fala, letramento e inclusão social

✓ Qual dessas frases é própria de quando se está escrevendo e qual dessas frases é própria de quando se está falando? Preencha os parênteses de acordo com a legenda e justifique sua resposta.

(E) Escrita
(F) Fala

1. ( ) a) O homem pelo qual me apaixonei é muito inteligente.
   ( ) b) O homem que me apaixonei por ele é muito inteligente.
   _____
   _____

2. ( ) a) Este é o rio o qual transbordou.
   ( ) b) Fique você sabendo que foi este rio que transbordou, tá?
   _____
   _____

3. ( ) a) Há ex-alunos meus cujos nomes guardo carinhosa recordação.
   ( ) b) Há ex-alunos meus que guardo os nomes desses ex-alunos carinhosa recordação deles.
   _____
   _____

4. ( ) a) Foi nessa mesma época que pude perceber meus erros nelas.
   ( ) b) Foi nessa mesma época em que pude perceber meus erros.
   _____
   _____

5. ( ) a) Adotei um menino cujo nome também é Luiz.
   ( ) b) Adorei um menino que o nome dele é Luiz.
   _____
   _____

6. ( ) a) Li a história da qual você me falou.
   ( ) b) Li a história que você me falou dela.
   _____
   _____

7. ( ) a) Aquela criança, por cujo destino nos interessamos, tem merecido nosso apoio.
   ( ) b) Aquela criança, o qual destino nos interessamos por ela, tem merecido nosso apoio.
   _____
   _____

✓ Vamos produzir textos? Escreva um texto, de acordo com as propostas abaixo, de no máximo quinze linhas. Utilize pelo menos duas construções do quadrinho:

1ª proposta. Você é um jornalista e está fazendo uma entrevista com o suposto culpado. Trata-se de uma averiguação sobre a suspeita de uma possível confirmação da verdade.

> **Utilize**: suspeita-se (disso), há rumores (daquilo), tem-se a impressão, convencer, ter medo, não há / há garantias, não há / há dúvidas, há evidências, estou seguro, não conferem / conferem os argumentos, é uma prova, há informações.

2ª proposta. Escreva uma carta desejando melhoras, fazendo suas recomendações, lembretes e oferecendo o seu apoio e solidariedade a alguém.

> **Utilize**: lembre-se (disso), tenho certeza (daquilo), estou certo(de), não se esqueça (de alguém), certifique-se (do fato).

Trabalhando no nível discursivo

📖 As cores preto, branco e cinza representam sinais de pontuação (aqui as cores vermelho, amarelo e verde correspondem, respectivamente, ao preto, branco e cinza). Quais são eles?

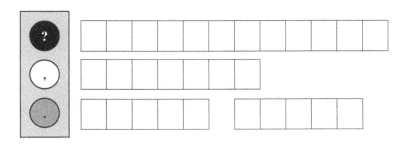

Agora, você é quem comanda o trânsito. Pinte o círculo de preto, branco ou cinza para pontuar as frases a seguir. Não se esqueça de reescrevê-las.

a) A leitura é uma atividade muito importante para os cidadãos ◯
_____

b) Nossos professores ◯ pais ◯ amigos e avós devem contribuir para que a leitura se torne um hábito prazeroso.
_____
_____

c) Quem adora comer melancia na *Turma da Mônica* ◯
_____

d) João adora ir ao Maracanã ◯

_____

e) Em que ano o Brasil se tornou independente de Portugal ◯

_____

f) Castro Alves ◯ o poeta dos escravos ◯ é autor de *Navio Negreiro*.

_____

g) Para manter sua saúde ◯ alimente-se bem.

_____

Trabalhando no nível discursivo **117**

📖 O trecho a seguir foi transcrito de uma entrevista realizada com um carioca cujo assunto é futebol. Leia-o e atente para o uso do símbolo / (barra), que significa uma pausa.

> **E:** *... E eles me ... me puseram... São Cristóvão, naquela época não era time que você vê hoje não. Era um clube... era um clube, assim, pequeno mais de time grande. <u>O time / era muito bom!</u> <u>O Clube / foi um clube pequeno</u>, mas disputava,... ele disputava realmente campeonato. <u>O São Cristóvão / faz número</u> e naquela época não, disputava realmente o campeonato.*
> (*Amostra Censo, informante MA14, adaptado*)

a) Observando as frases sublinhadas, indique os elementos que aparecem antes e depois do símbolo de pausa.

_____

b) A partir da resposta acima, a pausa ocorreu na mesma situação nas três frases sublinhadas? Explique.

_____
_____

c) As pausas realizadas pelo entrevistado apareceriam se ele estivesse fazendo uma redação sobre futebol? Por quê?

_____
_____

d) Com base nas respostas anteriores, podemos concluir que:

Nem toda _ _ _ _ _ é registrada na _ _ _ _ _ _ _

Fala, letramento e inclusão social

📖 Durante uma aula de redação, o professor pediu que os alunos procurassem os problemas existentes quanto ao uso de sinais de pontuação, segundo a norma padrão, em jornais de grande circulação na cidade do Rio de Janeiro. Na aula seguinte, Viviane apresentou ao colegas algumas frases que havia pesquisado nos jornais *O Globo*, *Jornal do Brasil*, *Extra* e *Povo*. Apesar de os jornais passarem por diversas revisões gramaticais, o professor mencionou que havia inadequações em relação à variante de prestígio.

Agora, você será um revisor de textos jornalísticos. Considerando que um texto de jornal possui um alto grau de formalidade, reescreva as frases que a aluna apresentou à turma atentando para o uso dos sinais de pontuação.

a) Benedita da Silva, preferiu não comentar o resultado. (*Extra*, 12/06/03 – Notícias/Reportagens)

b) A novela de Benedito Ruy Barbosa e do núcleo de Ricardo Waddington, sucederá a "Alma Gêmea" no Globo no ano que vem. (*O Globo*, 02/01/06 – Notas de Coluna Social)

c) A adoção da medida no Brasil, pode levantar nos estrangeiros medo de algo... (*Povo*, 09/01/04 – Editorial)

d) Os problemas de família e da casa em que mora, vão lhe dar trabalho e algumas despesas extras também. (*Povo*, 07/01/04 – Horóscopo)

e) Parece que no mundo dos heróis (super, anti e outros), é difícil manter o grande homem verde quieto. (*Povo*, 26/06/03 – Notícias/Reportagens)

Trabalhando no nível discursivo 119

📖 Preste bastante atenção no que Mário tem a contar sobre a nova escola em que ele está estudando:

> A escola onde eu estudo, ela é muito legal. A sala de informática quase todo mundo gosta de ir lá. Eu vou na sala de informática toda semana. O que eu mais gosto de fazer lá é brincar com os joguinhos. O computador há vários joguinhos divertidos. Foi no computador que eu vi um joguinho de luta que ele tinha lutadores muito fortes. O joguinho, ele tinha lutadores do mundo todo. Eu é que quis saber se eles tinham super poderes. Um lutador de verdade, o golpe dele deve ser mortal.

Na segunda semana de aula, a professora de Mário pede para que a turma faça uma redação sobre o que a turma acha da escola. Ajude Mário a recontar a história acima, de modo que as marcas de fala sejam substituídas por marcas de escrita, próprias de quando se escreve uma redação. Assim, marque com um "X" a opção mais adequada para um texto escrito.

a) "A escola onde eu estudo, ela é muito legal."
    ( ) A escola onde eu estudo, ela a escola é muito legal.
    ( ) A escola onde eu estudo é muito legal.

120 Fala, letramento e inclusão social

b) "A sala de informática quase todo mundo gosta de ir lá."
( ) Quase todo mundo gosta de ir à sala de informática.
( ) A sala de informática quase todo mundo gosta de ir na sala de informática.

c) "Eu vou na sala de informática toda semana."
( ) Eu vou pra sala de informática toda semana.
( ) Eu vou à sala de informática toda semana.

d) "O computador há vários joguinhos divertidos."
( ) O computador ele há vários joguinhos divertidos.
( ) Há vários joguinhos divertidos no computador.

e) "Foi no computador que eu vi um joguinho de luta que ele tinha lutadores muito fortes."
( ) Foi no computador que eu vi joguinho de luta que tinha lutadores muito fortes.
( ) Um joguinho de luta que ele tinha lutadores muito fortes eu vi no computador.

f) "O joguinho, ele tinha lutadores do mundo todo".
( ) O joguinho tinha lutadores do mundo todo.
( ) O joguinho, ele tinha lutadores do mundo todo no joguinho.

g) "Eu é que quis saber se eles os lutadores tinham super poderes."
( ) Eu quis saber se os lutadores eles tinham super poderes.
( ) Eu quis saber se os lutadores tinham super poderes.

h) "Um lutador de verdade, o golpe dele deve ser mortal."
( ) O golpe de um lutador de verdade deve ser mortal.
( ) Para um lutador de verdade, o golpe dele deve ser mortal.

Trabalhando no nível discursivo **121**

📖 Observe os textos e reflita sobre as questões:

Texto 1

...bem ... eu vou falar sobre uma cidade que se chama Espírito Santo ... ela se localiza próximo a Goianinha ... nessa região Oeste ... é uma cidadezinha pequenininha... poucos habitantes ... mas já ... ela tem:: ela chama muito atenção ... tem muitos pontos turísticos ... é uma cidade onde cativa... ela ficou no meu coração ... a sua entrada chama:: a rua onde:: é a entrada da cidade chama-se Bela Vista... essa cidadezinha:: ela tem os pontos turísticos que é um rio e uma cachoeira ... possui duas pra/ pracinhas ... uma delas é situada na parte central... é chamada Rua da Matriz ... essa Rua da Matriz é onde os casais se encontra ... muito movimentada ... é onde:: se concentra todo o movimento...

(Cunha, 1998, informante 3, p. 80)

Texto 2

A cidade de Espírito Santo está localizada entre Goianinha e Várzea, próximas a Natal. Nessa cidade temos diversos pontos turísticos, um deles é uma pequena cachoeira e uma barragem. A entrada dessa cidade é estreita e a rua se chama Bela Vista. Na rua da matriz, temos uma pracinha onde os namorados se encontram e nela todo ano acontece uma festa tradicional. Lá aparecem pessoas de diversas cidades para comemorar a existência de sua própria padroeira.

(Adaptado de Cunha, 1998, informante 3, pp. 91-2)

a) Os textos 1 e 2 tratam do mesmo assunto?
_____
_____
_____

b) Em que situações você acha que esses textos foram produzidos?
_____
_____

c) Com base na resposta anterior, justifique a diferença entre ambos os textos.
_____
_____
_____

Observe as situações abaixo:

Situação I

> Diego Maradona se desmanchou em lágrimas numa entrevista exibida ontem à noite por uma emissora de TV em Buenos Aires. Maradona saiu da clínica psiquiátrica onde está internado há três meses apenas para participar do programa. O ex-capitão da seleção Argentina rompeu o silêncio que durou quatro meses para implorar à justiça que o deixe retomar o tratamento contra as drogas em Cuba.

Situação II

> Paí,
>
> Fui pra academia.
> Tô sem hora pra voltar.
>
> Valeu!

a) Após a leitura dos textos, você seria capaz de identificar a que situações os textos se referem?

b) Na sua opinião, as situações demonstradas possuem semelhanças entre si? Por quê?

c) Retire dos textos elementos que comprovem que se trata de situações de fala e/ou de escrita.

d) Costuma-se dizer que as marcas de escrita são mais formais do que as de fala. Os exemplos ilustrados anteriormente confirmam esse pensamento? Justifique.

Referências bibliográficas

ABAURRE, M. B. O que revelam os textos espontâneos sobre a representação que faz a criança aos objetos escritos? In: KATO, M. (org.). *A concepção da escrita pela criança*. Campinas: Pontes, 1988.

_____. *Língua oral, língua escrita*: interessam à Linguística os dados da representação escrita da linguagem? IX Congresso Internacional da Associação de Linguística e Filologia da América Latina. Campinas: Unicamp, 1990. ms.

BAGNO, M. *Dramática da língua portuguesa*. São Paulo: Loyola, 2000.

BORTONI-RICARDO, S. M. *Variação linguística e atividades de letramento em sala de aula*. Revista Internacional de Língua Portuguesa, 1994, pp. 82-94.

_____. A análise do português brasileiro em três *continua*: o *continuum* rural-urbano, o *continuum* de oralidade-letramento e o *continuum* de monitoração estilística. In: GROBE, Sybille; ZIMMERMANN, Klaus (eds.). *"Substandard" e mudança no português do Brasil*. Frankfurt: TFM, 1998, pp. 101-18.

_____. *Educação em língua materna:* a sociolinguística em sala de aula. São Paulo: Parábola Editorial, 2004.

_____. *Nós cheguemu na escola, e agora?* São Paulo: Parábola Editorial, 2005.

BOURDIEU, P. L. L'Économie des échanges linguistiques. *Langue Française*, n. 34, maio de 1977, pp. 17-34.

BRAGA, M. L. A informação, seu fluxo e as construções clivadas. In: HEYE, J. (org.). *Flores verbais*. Rio de Janeiro: Editora 34, 1995, pp. 283-92.

BRASIL. *Parâmetros curriculares nacionais* – língua portuguesa: 3º e 4º ciclos. Brasília: MEC, 1998.

BRUNER, J. S. *Uma nova teoria de aprendizagem*. Rio de Janeiro: Bloch, 1966.

CAGLIARI, L. C. *Alfabetização e linguística*. 6ª ed. São Paulo: Scipione, 1993.

CALLOU, D. *Variação e distribuição da vibrante na fala urbana culta do Rio de Janeiro*. Rio de Janeiro, 1979. Tese– Universidade Federal do Rio de Janeiro.

126 Fala, letramento e inclusão social

CHAMBERS, J. K. *Sociolinguistic Theory*. Oxford: Basil Blackwell, 1995.

CLERMONT, J.; CEDERGREN, H. Les R de ma mère sont perdus dans l'ais. In: THIBAULT, P. *Le Français parlé:* études sociolinguistiques. Edmonton: Linguistic Research Inc., 1979, pp. 13-28.

DA HORA, D. et al. *Linguística e práticas pedagógicas*. Santa Maria: Pallotti, 2006.

DUARTE, M. E. *A perda do princípio "evite pronome" no português brasileiro*. Campinas, 1995. Tese (Doutorado em Linguística) – Instituto de Estudos da Linguagem, Universidade de Campinas.

EDWARDS, D.; MERCER, N. *Common Knowledge*. Londres: Routledge, 1987.

FARACO, C. A. *Escrita e alfabetização*. São Paulo: Contexto, 1992.

FASOLD, R. W. *The Sociolinguistics of Society*. Oxford: Basil Blackwell, 1984.

FERGUSON, C. Diglossia. *Word*, v. 15, 1959, pp. 324-40.

FISHMAN, J. Bilingualism with and without Diglossia: Diglossia with and without Bilingualism. *Journal of Social Issues*, 1967, pp. 32; 29; 38.

FONSECA, V. *Introdução às dificuldades de aprendizagem*. 2ª ed. Porto Alegre: Artes Médicas, 1995.

FRANCHI, E. P. *Pedagogia da alfabetização:* da oralidade à escrita. São Paulo: Cortez, 1988.

GRYNER, H. *A variação de tempo-modo e conexão nas orações condicionadas em português*. Rio de Jainero, 1989. Tese (Doutorado) – Universidade Federal do Rio de Janeiro.

KATO, Mary. L'Histoire récente de ce que, que est-ce que et qu'osque à Montréal. *Le Francais parlé:* études sociolinguistiques. Edmonton: Linguistic Research Inc., 1979, pp.53-74.

_____. *No mundo da escrita*. São Paulo: Ática, 1986 (série Fundamentos).

KEMP, W. Major Sociolinguistic Patterns in Montreal French. In: SANKOFF, D.; CEDERGREN, H. *Variation Omnibus*. Edmont: Linguistic Research Inc., 1981, pp. 3-16.

_____. *A concepção da escrita pela criança*. 2ª ed. Campinas: Pontes, 1992.

KLEIMAN, A. (org.). *Os significados do letramento*. Campinas: Mercado de Letras, 1995.

KOHL DE OLIVEIRA, M. Letramento, cultura e modalidades de pensamento. In: KLEIMAN, A. (org.). *Os significados do letramento*. Campinas: Mercado de Letras, 1995.

LABERGE, F. *Étude de la variation des pronoms défínis et indéfinis dans le francais parlé à Montréal*. Montreal, 1977. Tese (Doutorado) – Universidade de Montreal.

LABOV, W. *Sociolinguistic Patterns*. Pennsylvania: University of Pennsylvania Press, 1972.

_____. *Principles of Linguistic Change*: Internal Factors. Oxford/Cambridge: Blackwell, 1994.

_____. *Principles of Linguistic Change*: Social Factors. Oxford/Cambridge: Blackwell, 2001.

LAJOLO, M. Oralidade: um passaporte para a cidadania literária brasileira. In: GUIMARÃES, E.; ORLANDI, E. (orgs.). *Língua e cidadania*. São Paulo: Pontes, 1996.

LEMLE, Miriam; NARO, Anthony. *Competências básicas do português*. Relatório final apresentado às instituições Fundação Ford e Movimento Brasileiro de Alfabetização (Mobral), 1977, ms.

LURIA, A. R. *Desenvolvimento cognitivo:* seus fundamentos culturais e sociais. São Paulo: Ícone, 1990.

MACEDO, A. Aquisição de marcadores em primeira e segunda língua. In: RONCARATI, C.; MOLLICA, M. C. *Variação e discurso*. Rio de Janeiro: Tempo Brasileiro, 1996, pp. 117-26.

MACEDO, A.; OLIVEIRA E SILVA, G. M. Análise Sociolinguística e alguns marcadores conversacionais. In: MACEDO, A.; RONCARATI, C.; MOLLICA, M. C. *Variação e discurso*. Rio de Janeiro: Tempo Brasileiro, 1996, pp. 11-49.

MARCUSCHI, L. A. Língua falada e escrita no português brasileiro: distinções equivocadas e aspectos descuidados. In: GROBE, S.; ZIMMERMANN, K. (eds.). *O português brasileiro:* pesquisas e projetos. Frankfurt am Main: TFM, 2000, pp. 11-57.

_____. *Da fala para a escrita:* atividades de retextualização. São Paulo: Cortez, 2001.

MATTOS LIMA, I. *Difusão lexical na vibrante final*. Rio de Janeiro, 1993. Dissertação (Mestrado) – Universidade Federal do Rio de Janeiro.

MOITA LOPES, L. P. *Oficina de linguística aplicada:* a natureza social e educacional dos processos de ensino/aprendizagem de línguas. 5. ed. Campinas: Mercado de Letras, 2005.

MOLLICA, M. C. Como o brasileiro fala, percebe e avalia alguns padrões linguísticos. In: HEYE, J. (org). *Flores verbais*. Rio de Janeiro: Editora 34, 1995, pp. 121-29.

Referências bibliográficas 127

_____. *Influência da fala na* alfabetização. 2. ed. Rio de Janeiro: Tempo Brasileiro, 2000.

_____. Relativas no português brasileiro contemporâneo. In: PAIVA, M. C.; DUARTE, M. E. *Mudança em tempo real.* Rio de Janeiro: Contra Capa, 2003a.

_____. *Da linguagem coloquial à escrita padrão.* Rio de Janeiro: 7 Letras, 2003b.

MOLLICA, M. C; BRAGA, M. L. (orgs). *Introdução à soliolinguística*: o tratamento da variação. São Paulo: Contexto, 2003.

MOLLICA, M. C.; MATTOS, P. B. *Dois processos de assimilação fonológica no português falado semiespontâneo do Rio de Janeiro.* In: VOTRE, S. J. Relatório final CNPq. Rio de janeiro: Universidade Federal do Rio de Janeiro, 1989.

_____. Pela conjugação das abordagens variacionista e difusionista. *Revista de estudo da linguagem.* Belo Horizonte, ano I, v. 1, julho/dezembro 1992, pp. 53-64.

MOLLICA, M. C.; PAIVA, M. C. *Condicionamentos sociais na alternância de líquidas na fala carioca.* Anais do XV Congresso do GEL, Santos, 1987, pp. 256-265.

_____. Relações estruturais atuando na relação entre [L-] [R-] [Ø] em grupos consonantais em português. *Boletim da ABRALIN.* São Paulo: Campinas, v. 1, n. 11, 1991.

_____. Da gênese de grupos consonantais ao português contemporâneo. *Terceira margem.* Revista da Pós-Graduação em Letras da Universidade Federal do Rio de Janeiro, ano I, n. 1,1993, pp. 136-40.

MOLLICA, M. C.; SOARES, V. R. Vestígios de traços melódicos da fala na mídia escrita contemporânea. *Revista Scripta.* Belo Horizonte: PUC-Minas, (no prelo).

MOURA NEVES, M. H. *Que gramática estudar na escola?* São Paulo: Contexto, 2004.

NARO, A. J. The Social and Structural Dimensions of a Syntatic Change. *Language,* New York, v. 57, 1981, pp. 53-98.

_____. *Subsídios sociolinguísticos à educação.* Relatório final CNPq/Universidade Federal do Rio de Janeiro, 1986, ms.

NARO, A. J ; VOTRE S. Emergência da sintaxe como efeito discursivo. Relatório final do projeto "Subsídios sociolinguísticos à educação", CNPq/Universidade Federal do Rio de Janeiro, 1986. ms.

OLIVEIRA e SILVA, M. A. *Alfabetização no Brasil.* Relatório parcial CNPq, 1994. ms.

OLIVEIRA E SILVA, G. M.; PAIVA, M. C. Visão de conjunto das variáveis sociais. In: SILVA, Giselle; SHERRE, M. M. *Padrões sociolinguísticos.* Rio de Janeiro: Tempo Brasileiro, 1996, pp. 336-78.

OLIVEIRA E SILVA, G. M. Estertores da forma "seu" na língua oral: resultados sociais. In: *Padrões sociolinguísticos.* Rio de Janeiro: Tempo Brasileiro, 1996, pp. 297-307.

OMENA, N. P. *A referência variável da 1ª pessoa do discurso no plural.* Relatório final do projeto "Subsídios sociolinguísticos à educação", Finep/Universidade Federal do Rio de Janeiro, 1986a, ms.

_____. *As influências sociais atuantes na variação entre nós e a gente na função de sujeito.* Relatório final do projeto integrado PEUL, Finep/Uuniversidade Federal do Rio de Janeiro, 1986b.

ONG, W. *Oralidade e cultura escrita.* São Paulo: Papirus, 1998.

PACHECO, C. M. G. Aspectos históricos da normatização ortográfica e o trabalho com a ortografia na escola. In: HEYE, J. *Flores verbais,* 1995, pp. 63-72.

_____. *Era uma vez os sete cabritinhos*: a gênese do processo de produção de textos. Rio de Janeiro, 1997. Tese (Doutorado) – Pontifícia Universidade Católica.

PAIVA, M. C. *Ordenação de cláusulas causais:* forma e função. Rio de Janeiro, 1991. Tese (Doutorado) – Universidade Federal do Rio de Janeiro.

_____. Supressão das semivogais nos ditongos decrescentes. In: OLIVEIRA e SILVA, G. M. de; SCHERRE, M. M. P. *Padrões sociolinguísticos.* Rio de Janeiro: Tempo Brasileiro, 1996, pp. 217-36.

_____. (org.). *Amostras.* Rio de Janeiro: PEUL/UFRJ, 2000.

PAIVA, M. C.; DUARTE, M. E. *Mudança em linguística em tempo real.* Rio de Janeiro: Contra Capa, 2003.

PAIVA, M. C.; SCHERRE, M. M. Retrospectiva sociolinguística: contribuições do PEUL. *Linguística.* Associação de Linguística e Filologia da América Latina, v. II, 1999, pp. 213-30.

PAREDES SILVA, V. L. *Cartas cariocas*: a variação do sujeito na escrita informal. Rio de Janeiro, 1988. Tese (Doutorado) – Universidade Federal do Rio de Janeiro.

Pinsky, J.; Pinsky, C. B. (orgs). *História da cidadania*. São Paulo: Contexto, 2003.

Rodrigues, A. D. Línguas indígenas: 500 anos de descobertas e perdas. *D.E.L.T.A.*, São Paulo,v. 9, n. 1, 1993, pp. 83-103.

Sachs, I. (org.). *Inclusão social pelo trabalho*. Rio de Janeiro: Garamond Universitária, 2003.

Sankoff, G.; Kemp, W.; Cedergreen, H.J. The Syntax of ce que, que'est-ce que Variation and its Social Correlates. In: Shuy, R. W.; Fishing (eds). *Dimension of Variability and Competence*. Washington: Georgetown University Press, 1978.

Santos, E. *O adolescente e a percepção do valor de variantes linguísticas*. Rio de Janeiro, 1973. Dissertação (Mestrado) – Universidade Federal do Rio de Janeiro.

_____. *A transmissão ao educando de crenças e atitudes linguísticas escolares*. Rio de Janeiro, 1980. Tese (Doutorado) – Universidade Federal do Rio de Janeiro.

_____. *Estudos da regularidade na variação dos possessivos no português do Rio de Janeiro*. Rio de Janeiro, 1982. Tese (Doutorado) – Universidade Federal do Rio de Janeiro.

Santos, M. *Por uma outra globalização:* do pensamento único à consciência universal. 12. ed. Rio de Janeiro: Record, 2005.

Scherre, M. M. *Reanálise da concordância nominal em português*. Rio de Janeiro, 1988. Tese (Doutorado) – Universidade Federal do Rio de Janeiro.

_____. *Doa-se lindos filhotes de poodle:* variação linguística, mídia e preconceito. São Paulo: Parábola Editorial, 2005.

Scherre, M. M.; Sousa e Silva, G. M. (orgs.). *Padrões sociolinguísticos*. Rio de Janeiro: Tempo Brasileiro, 1996.

Soares, Magda. *Letramento:* um tema em três gêneros. Belo Horizonte: Autêntica, 1998.

_____. Letramento e escolarização. In: Masagão Ribeiro, Vera (org.). *Letramento no Brasil*. São Paulo: Global, 2003, pp. 100 e 104.

Soares, V. Fala e escrita. In: Martins, M.; Silva, I.; Soares, V. *Cadernos de relatórios*. Rio de Janeiro: 2005, p. 2.

Trudgill, P. *The Social Differentiation of English in Norwich*. Cambridge: Cambridge University Press, 1974.

Viegas, M. C. *O alçamento de vogais médias pretônicas e os itens lexicais*. Exame de qualificação apresentado ao curso de pós-graduação em Letras da Universidade Federal de Minas Gerais, Belo Horizonte, 1997.

Vieira da Silva, M. Alfabetização, escrita e colonização. In: Orlandi, E. (org.). *História das ideias linguísticas*. Mato Grosso: Unemat, 2001.

Votre, S. J. *Aspectos da variação fonológica na fala do Rio de Janeiro*. Rio de Janeiro, 1978. Tese (Doutorado) – Pontifícia Universidade Católica.

Vygotsky, L. S. *Mind in Society:* the Development of Higher Psychological Processes. London: Harvard University Press, 1978.

Weinreich, V.; Labov, W.; Herzog, M. I. Empirical Foundations for a Theory of Language Change. In: Lehmann, W.; Malkier, Y. *Directions for a Historical Linguistics*. Austin: University of Texas Press, 1968, pp. 97-187.